ISBN

Gärten in der Literatur

von

Wilhelm Köckerling

Bibliografische Information der Deutschen Nationalbibliothek

Die Deutsche Nationalbibliothek verzeichnet diese Publikation in der Deutschen Nationalbibliografie; detaillierte bibliografische Daten sind im Internet über http://dnb.d-nb.de abrufbar.

©Copyright Logos Verlag Berlin GmbH 2016

Alle Rechte vorbehalten.

ISBN 978-3-8325-4353-2

Logos Verlag Berlin GmbH
Comeniushof, Gubener Str. 47,
10243 Berlin
Tel.: +49 (0)30 42 85 10 90
Fax: +49 (0)30 42 85 10 92
INTERNET: http://www.logos-verlag.de

Inhaltsverzeichnis

Einleitung 3
Gärten in der Bibel 5
   1. Der Garten Eden 5
   2. Der Garten Gethsemani 8
   3. Das himmlische Paradies 10
Gärten bei Homer 15
   1. Der Garten der Kalypso 16
   2. Der Garten des Alkinoos 21
   3. Der Garten des Laërtes 28
Gärten in der frühgriechischen Lyrik 35
   1. Der heilige Hain der Aphrodite bei Sappho 35
   2. Der Garten der Nymphen bei Ibykos 47
Gärten im Roman des Longos 57
   1. Der Garten des Philetas 57
   2. Der Garten des Lamon 67
Lateinische Gärten 75
   1. Der Garten des Korykischen Greises bei Vergil 75
   2. Der Hortulus des Walahfrid Strabo 84
Philosophen-Gärten 90
   1. Die Akademie Platons 90
   2. Das Lykeion des Aristoteles 99
   3. Der Garten des Epikur 104

Einleitung

Der Garten ist dem Menschen ein Ort des Friedens, des Friedens mit Gott, mit der Natur und mit sich selbst. Die ursprüngliche Bedeutung des Wortes „Garten" im Indogermanischen (ghorto – s) deutet auf ein Element hin, welches wesentlich zum Garten gehört: Zaun, Hürde, Umzäunung, Eingehegtes. Die entsprechenden Wörter im Griechischen und Lateinischen, aus welchen ja vor allem das Indogermanische erschlossen wird, lauten χόρτος und hortus. Beide bedeuten: Einfriedigung, eingefriedigter Raum, Gehege. Und so stellt auch das Deutsche Wörterbuch von Grimm fest: „er (SC. der Begriffskreis Garten) berührt und schneidet sich wesentlich mit den Begriffskreisen von zaun und hof;[1] und es belegt auch das Wort „Garten" regelrecht in der Bedeutung „zaun, gitter, mauer, wall".[2] Der „Garten als das, was eingezäunt, eingehegt ist",[3] steht damit im Gegensatz zum offenen Feld, „das im weitesten Sinne auch wiese, wald einschließt."[4]

Zaun oder Hecke gehören also wesentlich zum Garten. Sie schützen ihn vor der wilden Natur und grenzen ihn ab vom offenen, landwirtschaftlich genutzten Feld, vor fremden oder gar feindseligen Eindringlingen. Sie haben auch mit dem „Frieden" zu tun. Denn im Alt- und Mittelhochdeutschen hat „Frieden" auch die Bedeutung „Einfriedigung, Zaun" und bezieht sich auf einen Bereich, der durch Einzäunung unter besonderen Schutz gestellt ist.

Der Garten gehört ursprünglich in die Nähe des Hauses, er ist „gedacht als wirklich oder eigentlich zum hause gehörig, im unmittelbaren dienste der hausbewohner zu nutz und lust zugleich".[5]

Der Nutzen des Gartens ist kein kommerzieller; Obst, Gemüse und Früchte, die darin wachsen, werden nicht verkauft, sondern kommen der Familie des Hauses zugute, welcher der Garten gehört. Wohl gibt die Hausfrau, welcher am meisten die Pflege des Gartens obliegt, gern einmal von dem Ertrag anderen etwas ab, einer Verwandten, Nachbarin oder Freundin, aber als Geschenk, nicht gegen Bezahlung. Auch dient der Garten mindestens zur Hälfte als Ziergarten, zur reinen Freude an den Blumen, Sträuchern und Bäumen.

---

[1] Deutsches Wörterbuch von Jacob und Wilhelm Grimm. Leipzig 1878/dtv 1984; Band 4, Sp. 1390
[2] eodem loco
[3] Sp. 1391
[4] Sp. 1393
[5] Sp. 1393

So ist er ein Stück Natur, in der Nähe des Menschen, durch Arbeit sorgfältig kultiviert, durch Zaun oder Hecke vor allem Wilden, Schädlichen und Störenden geschützt. In ihm kann der Mensch einfach als Geschöpf Gottes leben, arbeitend oder sich erholend, kann sich freuen an der von Gott geschaffenen Natur und die Harmonie empfinden, die ihn mit Gott, dem Schöpfer, und der Natur, der Schöpfung, verbindet. Die folgende Abbildung 1 zeigt exemplarisch einen Klostergarten, den neu angelegten Kräutergarten in Reichenau, Mittelzell.

Abbildung 1: Reichenau: Mittelzell, Münster St. Maria u. Markus, Kloster„gärtlein"

Gärten in der Bibel

*In einem Garten ging die Welt verloren,
in einem Garten ward sie erlöst.*
Pascal

1. Der Garten Eden

Der älteste Garten unserer Geistes- und Kulturgeschichte ist der Garten Eden im Schöpfungsbericht des Alten Testaments. Nach der Erschaffung des Menschen „pflanzte Gott der Herr einen Garten in Eden gen Osten und setzte den Menschen hinein, den er gebildet hatte" (Genesis 2, 8). Es folgt nun keineswegs eine detaillierte Beschreibung eines idyllischen oder gar üppigen orientalischen Gartens, sondern der Bericht beschränkt sich auf wenige fundamentale Angaben. „Gott der Herr ließ aus dem Erdboden allerlei Bäume aufsprießen, lieblich zum Anschauen und gut zur Nahrung, den Lebensbaum aber mitten im Garten und auch den Baum der Erkenntnis von Gut und Böse" (Gen. 2, 9). Darüber hinaus finden wir – was die äußere Gestaltung des Gartens angeht – nur noch den Hinweis, daß „ein Strom entsprang in Eden zur Bewässerung", der sich dann in vier Arme teilt (Gen. 2, 10). Die Aufgabe des Menschen im Garten Eden war, „daß er ihn bebaue und erhalte" (Gen. 2, 15). Und es galt das göttliche Gebot: „Von allen Bäumen des Gartens darfst du essen, nur vom Baum der Erkenntnis von Gut und Böse darfst du nicht essen; denn am Tage, da du davon issest, mußt du sterben" (Gen. 2, 16f).
Der literarischen Form nach gehört dieser Text zu den Mythen. Statt von einem Schöpfungsbericht würde man also besser sprechen von einem Schöpfungsmythos. Für die Auswertung kommt es demnach darauf an, in den mythischen Bildern den „wahren Kern" zu erkennen und in unserer rational geprägten Sprache auszudrücken. Es führt zu keinem Ergebnis, den ganzen Schöpfungsmythos einfach oberflächlich wörtlich zu nehmen, wie es oft geschehen ist und zu großen Mißverständnissen zwischen der Bibelkunde und der Naturwissenschaft geführt hat. Die Denkweise der Menschen in dieser frühen Zeit (die jahwistische Überlieferung wird um das 10./9. Jh. v. Chr. datiert) war wie im frühen Griechenland mythisch, in Bildern. Erst viel später erfolgte die Wende „vom Mythos zum Logos".
Bei vielen alten Völkern finden wir die mythische Vorstellung von einem Land oder Ort der Seligen in der Urzeit; Götter leben dort, Heroen oder besonders aus-

gezeichnete Menschen. Im Umkreis des AT sind vor allem die Mythen der frühen mesopotamischen und iranischen Kultur von Bedeutung. Sie hatten für den Ort der Seligen die Bezeichnung „Paradies". Das Wort stammt aus dem Iranischen (pardez) und wurde von den Griechen als Lehnwort übernommen in der Form παράδεισος, welches in der Septuaginta das übliche Wort für „Garten" ist, sei es der „Gottesgarten" oder der „Baumgarten". Am Ende des 5. Jh. v. Chr. lernt der Grieche Xenophon auf dem Zug der Zehntausend gegen den persischen Großkönig einen orientalischen παράδεισος kennen. Mit dem Wort bezeichnet er den inzwischen völlig profanisierten riesigen Park, in dem der Großkönig mit seinen Magnaten Jagd auf die wilden Tiere macht, um sich und seine Pferde zu trainieren (Xen. Anabasis I 2,7).

Der mythische Garten Eden im AT ist ein Urbild der gottgewollten und ursprünglichen menschlichen Existenz. Der von Gott geschaffene Mensch, von der Erde genommen (Gen. 2, 7), aber mit Geist begabt als Ebenbild Gottes (Gen. 1, 26), bekommt seinen natürlichen Lebensraum. Die Natur bietet ihm leibliches Wohl, gleichzeitig aber gibt sie ihm Anlaß zu geistiger Freude im Anschauen der Schönheit der Schöpfung (Gen. 2, 9). Der Lebensunterhalt fällt ihm nicht einfach zu, sondern er hat dafür in der rechten Weise zu arbeiten (Gen. 2, 15). Darüber hinaus ist es seine Aufgabe, die Schätze der Natur zu erhalten (Gen. 2, 15), also nicht zu vergeuden, auszubeuten oder zu zerstören.

Von entscheidender Bedeutung für das Leben der Menschen sind die beiden Bäume in der Mitte des Gartens: Der Baum des Lebens und der Baum der „Erkenntnis von Gut und Böse". Sie stehen unter dem besonderen Gebot Gottes, welches ihre Früchte dem eigenmächtigen Zugriff des Menschen verwehrt. Wenn der Mensch dieses Gebot beachtet, findet er sein Glück im Frieden mit Gott, seinem Schöpfer und Herrn, mit der Natur, seinem Lebensraum, und mit sich und seinesgleichen.

Was bedeuten nun die beiden Bäume des näheren? Zunächst der „Baum der Erkenntnis von Gut und Böse", so wird der griechische Ausdruck der Septuaginta τὸ ξύλον τοῦ γιγνώσκειν καλὸν καὶ πονηρόν (Gen. 2, 17) gewöhnlich im Deutschen wiedergegeben. Diese Übersetzung führt zu großen Verständnisschwierigkeiten. Denn wie kann die „Erkenntnis" von Gut und Böse eine Sünde sein, wenn doch diese Erkenntnis geradezu die Hauptvoraussetzung des ethisch richtigen Handelns ist? Eine Hilfe zur Lösung dieser Schwierigkeit bietet das richtige Verständnis des griechischen Wortes γιγνώσκειν, welches neben der Bedeutung „erkennen" auch die weitere „urteilen, beschließen, festsetzen" hat. Von daher erschließt sich die richtige Bestimmung der Ursünde. Sie besteht darin, daß der Mensch Gottes Gebot mißachtet, sich selbst göttliche Vollmacht anmaßt und selbst bestimmt, was gut und was böse ist. Diese Interpretation wird bestätigt durch eine Bemerkung von Papst Johannes Paul II. (in seinem Buch „Erinnerung und Identität", 2. Aufl. Augsburg 2005, S. 20): Eigenliebe trieb den Menschen in die Rebellion gegen Gott und zu der Anmaßung, selbst zu entscheiden, was gut und was böse ist.

Diese Ursünde, nach Augustinus die Eigenliebe bis hin zur Verachtung Gottes (amor sui usque ad contemptum Dei [6]) zerstört den Frieden im Garten Eden, zuallererst den Frieden mit Gott, was sich in der Sprache des Mythos darin äußert, daß sich der Mensch vor Gott schämt und sich vor ihm zu verstecken versucht. Das reine, unverfälschte und vertrauensvolle Verhältnis des Menschen zu Gott ist zerbrochen; ebenso das Verhältnis des Menschen zu sich selbst und zum Mitmenschen. Auch der Friede mit der Natur ist zerstört. Konnte der Mensch ursprünglich seinen Lebensunterhalt leicht und im Einklang mit der Natur gewinnen, so lastet jetzt auf seiner Arbeit ein Fluch, sie ist zum „labor improbus" (Vergil) geworden, zur „unseligen Mühsal", in welcher der Mensch seinen Lebensunterhalt der Natur abringen muß. Im Schweiße seines Angesichtes muß er sein Brot essen (Gen. 3, 19).

Das alles findet seinen Ausdruck in der Vertreibung des Menschen aus dem Paradies, die verbunden ist mit der strikten Verhinderung, daß der Mensch „sich am Baume des Lebens vergreife" (Gen. 3, 22). Dieser Baum des Lebens kann kein Sinnbild sein für das physische Leben des Menschen, der ja weiterlebt, obwohl ihm angedroht ist, daß er im Sündenfalle sofort sterben werde. Sondern es ist gemeint das geistige und ewige Leben bei Gott, welches durch den Sündenfall dem Zugriff des Menschen verwehrt ist (Gen. 3, 22).

Der Mythos vom Garten Eden (Gen. 2 und 3) läßt sich in einer Zusammenfassung und Vertiefung so interpretieren: Der Mensch ist ein Geschöpf Gottes, bestehend aus Körper und Geist, ins Dasein gerufen zur Verherrlichung und zum Lobe Gottes. Er gehört also zwei Welten an, der geistigen Welt Gottes, dessen Ebenbild er auf Erden ist, und der materiellen irdischen Welt mit ihren Bedingtheiten und Begrenztheiten von Raum und Zeit. Hieraus resultiert die grundlegende und seine ganze Existenz bestimmende Freiheit. Er kann nämlich in wahrhaft freier Entscheidung Gott als seinen Schöpfer und Herren anerkennen und loben, wodurch er sich in die geistige Welt Gottes eintritt, in welche er auch die körperliche Komponente seines Wesens mitnimmt, so daß ein dualistisches Auseinanderklaffen ausge-

---

[6] De civitate Dei 14, 28

schlossen und die Einheit seines Wesens gewahrt ist; oder er kann in Ungehorsam und Stolz Gott und seine geistige Welt ablehnen und sich ganz auf die raumzeitliche Welt beschränken, wodurch er natürlich den Nöten und Zwängen dieser Welt aussichtslos ausgeliefert ist.

Der Mensch hat am Anfang und im Prinzip (ἐν ἀρχῇ) sich in malam partem, zum Bösen, entschieden, mit der ganzen schweren Belastung aller Generationen der Menschheit. Die biblische und theologische Tradition nennt dieses grundsätzliche Versagen des Menschen „Erb-sünde" oder besser „Ursünde", welche mythologisch formuliert ist im Buch Genesis. Die Schlange, als ein Symbol der Versuchung zum Bösen, des Verfallenseins an das Irdische, verleitet die Menschen dazu, die Ordnung Gottes zu mißachten mit dem Hinweis: „Ihr werdet sein wie Götter, indem ihr (selbst) festsetzt, was gut und was böse ist" (Gen. 3, 5).

Dieses fundamentale Versagen des Menschen im Gebrauch der Freiheit hat gewaltige Flutwellen des Bösen in der ganzen Menschheitsgeschichte ausgelöst und gefährdet auch heute noch mannigfalt die Verwirklichung des wahren Menschseins. Seinen ursprünglichen Zustand in der Seinsordnung Gottes (status naturae purae) hat er durch eigene Schuld verloren und lebt nun im „Zustand der gefallenen Natur" (status naturae lapsae).

2. Der Garten Gethsemani

Der Zustand der gefallenen Natur, des verlorenen Paradieses, muß nicht endgültig sein, er ist reparabel. Der Mensch ist durch seine Fehleinschätzung nicht ein für allemal verloren, er hat sozusagen eine zweite Chance bekommen, und zwar durch das Erlösungswerk Jesu Christi. Er kann zwar nicht einfach in das Paradies, zu seinem ursprünglichen, reinen Zustand zurückkehren, aber er kann in einen Zustand gelangen, in dem das Verhältnis zu Gott und zur gottgewollten Ordnung der Welt „repariert" ist (status naturae reparatae).

Und wieder steht er vor der großen Möglichkeit seiner Freiheit: In freier Entscheidung und im Glauben kann er die Erlösung durch Jesus Christus annehmen und dadurch seine ganze Existenz „in Ordnung bringen"; er kann so eintreten „in die herrliche Freiheit der Kinder Gottes" (Paulus Röm. 8, 21), in der er befreit ist von den das wahre Menschsein unterdrückenden Mächten der Sünde und des Todes. Diese neu gewonnene Freiheit macht ihn fähig, Gott und dem Mitmenschen in

Liebe zu dienen und den verlorenen Frieden mit Gott, mit der Natur und mit sich selbst wiederzufinden.

Die Entscheidung Jesu Christi für das wahrhaft große Erlösungswerk fällt im Garten Gethsemani, in welchem die Leidensgeschichte Jesu beginnt. Er wird nicht näher beschrieben, weil es ganz auf die unermeßliche Bedeutung der Ereignisse ankommt, die hier beginnen. Wir wissen nur, daß er am Fuße des Ölbergs lag und sein Name „Ölkelter" bedeutet. Während Markus und Matthäus Gethsemani ein „Landgut" (χωρίον) nennen, in das man „hinein- und hinausgeht", spricht Johannes regelrecht von einem Garten (κῆπος 18,1)[7], in dem sich Jesus oft zusammen mit seinen Jüngern aufhielt und der nun zum Ort der Vereinsamung, der Todesangst und des Verratenwerdens Jesu wird.

Die Szenen im Garten Gethsemani stehen in scharfem Gegensatz zu der vorhergehenden im Abendmahlsaal: Das letzte Zusammensein beim letzten gemeinsamen Mahl, dem Symbol der Einheit, kontrastiert mit dem Zerfall der Gemeinschaft im Garten Gethsemani. Die zurückgelassenen Jünger, die schlafenden Jünger, der verratende Jünger und schließlich die fliehenden Jünger, alle bewirken die totale Vereinsamung Jesu, der nur ganz allein, ohne menschliche Hilfe, das große Erlösungswerk vollbringen kann und muß. Aber er findet Geborgenheit bei seinem Vater – Gott, dessen Willen er sich anheim gibt, auch wenn er für einen Augenblick daran denkt, die ganze Schwere des Leidens und des Todes möge ihm erspart bleiben.

Aber wie kann bei diesem Geschehen der Garten ein Ort des Friedens sein? Sicherlich ist der äußere Ablauf der Ereignisse im Garten Gethsemani alles andere als ein Bild des Friedens. Dennoch geht es um den Frieden, genauer gesagt um die Wiederherstellung des Friedens, um die Versöhnung der Menschen mit Gott. Das war schon bei der Geburt Jesu von den Engeln verkündet worden: Durch die Geburt des Retters (σωτήρ) haben die Menschen die Möglichkeit bekommen, sich mit Gott wieder zu versöhnen und Frieden mit ihm zu haben (Lk 2, 14), wenn sie an die Menschwerdung des Gottessohnes glauben und wenn dadurch das göttliche Wohlgefallen (εὐδοκία) auf ihnen ruht. Diese Rettung des Menschen findet ihre Vollendung im Leiden und Sterben Jesu, welches im Garten Gethsemani in seine entscheidende Phase eintritt und welches dann seinen gottgewollten Verlauf nimmt.

---

[7] Die Textstellen der Gethsemani-Szenen im NT sind: Mt. 26,30 – 56; Mk. 14,26 – 52; Lk. 22,39 – 53; Joh. 18,1 – 11. Zur Deutung vgl. Max Küchler, Jerusalem. Ein Handbuch und Studienreiseführer zur Heiligen Stadt.
Vandenhoeck / Ruprecht, 2007, S. 813

Im Garten Eden war der Mensch zunächst der Handelnde: Er lud schwere Schuld auf sich, indem er sich göttliche Vollmacht anmaßte und selbst festsetzen wollte, was gut und was böse ist. Im Garten Gethsemani, wo sich Jesus anschickt, diese Schuld zu tilgen und den Menschen wieder mit Gott zu versöhnen, bleibt der Mensch passiv: Er steht abseits, er schläft, er verrät sogar und macht sich schließlich davon. Das große und schwere Werk der Erlösung vollbringt Jesus allein.

Die Gartensymbolik wird vom Evangelisten Johannes am Ende wieder aufgegriffen: Die Kreuzigung findet in der Nähe eines Gartens statt, die Grablegung in eben diesem Garten, folglich auch die Auferstehung. „Es war an dem Platz, wo er gekreuzigt wurde, ein Garten (κῆπος) und in dem Garten ein neues Grab ... Dahinein legten sie Jesus" (Joh. 19, 41f). Noch einmal klingt das Gartenmotiv an, indem Maria Magdalena den auferstandenen Herrn zunächst für den Gärtner hält (Joh. 20, 15).

3. Das himmlische Paradies

Der dritte biblische Garten, den wir betrachten, ist erwähnt am Anfang des letzten Buches des NT, der Apokalypse des Johannes. „Dem Sieger werde ich zu essen geben vom Baum des Lebens, der im Paradiese Gottes steht" (Apk. 2, 7). Diese Stelle verweist deutlich auf den Garten Eden, in dessen Mitte der Baum des Lebens steht (Gen. 2, 9). Während es dem Menschen dort in Folge seines Sündenfalles streng verwehrt ist, „sich am Baume des Lebens zu vergreifen, davon zu essen und ewig zu leben"(Gen. 3, 22 und 24), wird ihm in der Apokalypse ausdrücklich verheißen, daß er vom Baume des Lebens essen darf, wenn er „siegt", wenn er „überwindet"[8] (Apk. 2, 7).

Wie ist es zu diesem Wandel gekommen, und was ist mit dem „Sieg" gemeint? Die Antwort auf diese Fragen wird wiederum erleichtert, wenn man vom griechischen Wortlaut der Septuaginta und des NT ausgeht. Der Baum des Lebens heißt an allen in Frage kommenden Stellen ξύλον τῆς ζωῆς, ξύλον bedeutet aber außer „Holz" und „Baum" auch „Kreuz(esbalken)". Und so ist die Verbindung mit dem Kreuzesopfer Jesu hergestellt. „Er trug selbst unsere Sünden mit seinem Leibe an

---

[8] So übersetzt J.Roloff ὁ νικῶν in seinem Kommentar „Die Offenbarung des Johannes". Theologischer Verlag Zürich, 1984, S. 48. Zur Deutung vgl. ... S.50/51

das Kreuz (ἐπὶ τὸ ξύλον), damit wir den Sünden abstürben und der Gerechtigkeit lebten" (1. Petr. 2, 24). Durch den Tod Jesu am Kreuz wird dem Menschen die Versöhnung mit Gott grundsätzlich ermöglicht und der Zugang zum ewigen Leben eröffnet, unter der Voraussetzung, daß er im Glauben an den Sieg Jesu über Sünde und Tod selbst im Kleinen zum Sieger wird über die Mächte des Bösen, die nach wie vor das Weltgeschehen und Menschenleben bestimmen. Es ist in der Regel kein glanzvoller Sieg, sondern eher ein Ausharren (ὑπομονή), ein „Darunterbleiben" unter der Last der irdischen Mühsal, wie der griechische Begriff wörtlich heißt. Aber es ist kein hoffnungsloser Kampf, den der Christ führen muß, da er in Christus den mächtigen Vorkämpfer hat, der am Ende der Zeiten die gottfeindlichen Mächte besiegen wird (agnus vincet; Apk. 17, 14). Und so dürfen die Christen, die den guten Kampf gekämpft haben und in der Bedrängnis (θλῖψις) ausgehalten haben, „in dem in der Endzeit wiederkehrenden Paradies vom Baum des Lebens essen und bekommen Anteil an der Fülle des Heils der Vollendung"[9].

Es ist bezeichnend, daß der Garten der Apokalypse keinen Namen trägt wie der Garten Eden oder der Garten Gethsemani. Es kommt nicht an auf eine Ortsbestimmung oder Ausmalung irdischer Einzelheiten, sondern wieder ganz auf die geistige transzendente, metaphysische Bedeutung. Selbst die Bezeichnung „Garten der Endzeit" wäre nicht passend, weil es sich nicht um eine zeitliche Einrichtung auf Erden handelt, sondern um den Garten der Ewigkeit, in dem der Baum des ewigen Lebens steht.

So ist es auch folgerichtig, daß in den beiden Schlußkapiteln der Apokalypse, in denen zahlreiche Motive der beiden ersten Gärten zusammenlaufen und ihren großartigen Abschluß finden, die äußerliche Vorstellung vom Garten ganz aufgehoben ist. In der von Gott heilgemachten, neu geordneten Welt, die als „neuer Himmel und neue Erde" (Apok. 21, 1) bezeichnet ist, kann es keinen Garten mehr geben als einen eingefriedeten, umzäunten Raum. Die ganze Welt ist sozusagen ein einziger Garten, in dem Gott bei den Menschen wohnen wird. „Sie werden sein Volk sein, und Gott selbst wird bei ihnen sein" (Apk. 21, 3). Aber an die Stelle des Gartens tritt hier passender das Bild der heiligen Stadt, des neuen Jerusalem (Apk. 21, 2), welches ausführlich beschrieben wird als die von Gott hergerichtete ewige Wohnung des Volkes der Erlösten, der vollendeten Heilsgemeinde (Apok. 21, 9 - 22, 5). Auch eines Tempels bedarf es nicht; „ihr Tempel ist der Herr, der allmächtige Gott, und das Lamm" (Apk. 21, 22). Es ist die Stunde gekommen, in der die

---

[9] J.Roloff, a. a. O. S. 51

Erlösten nicht mehr im (irdischen) Jerusalem ihren himmlischen Vater anbeten, sondern im Geist und in der Wahrheit (Joh. 4, 19ff).

Neben dem Motiv vom Baum des Lebens steht in der großen Abschlußvision der Apokalypse das Bild vom Wasser des Lebens (ποταμὸς ὕδατος ζωῆς. Apk. 22, 1 - 2). Der Strom mit dem Wasser des Lebens „fließt hervor aus dem Throne Gottes und des Lammes" (Apk. 22, 1). Mitten zwischen der breiten Straße des himmlischen Jerusalem und dem Strom steht der Baum des Lebens (Apk. 22, 2), der das ganze Jahr über, Monat für Monat, seine Früchte trägt. Wasser und Baum, eng miteinander verbunden, gewähren der Gemeinde der Erlösten in der himmlischen Stadt Speise und Trank des ewigen Lebens. Wer Durst hat nach dem wahren, unvergänglichen Sein, wird von Gott eingeladen, zu trinken vom Wasser des Lebens (Apk. 21, 6 und 22, 17). Er bekommt es δωρεάν (lat. gratis), d. h. als Geschenk, unentgeltlich, wie es an beiden Stellen betont am Ende des Verses heißt. Der Durst des Glaubens ist der Gnade Gottes genug.

Der Evangelist Johannes hat diese Vision vorbereitet in dem Gespräch Jesu mit der Samariterin am Jakobsbrunnen (Joh. 4, 6 ff). Lebendiges Wasser (ὕδωρ ζῶν) hätte Jesus der Frau gegeben, wenn sie darum gebeten hätte (4, 10), und er verheißt: „Jeder, der von dem Wasser trinkt, das ich ihm geben werde, wird keinen Durst mehr bekommen in Ewigkeit" (Joh. 4, 14).

Natürlich erinnert der „Strom mit dem Wasser des Lebens" an den Strom im Garten Eden. „Ein Strom entspringt in Eden zur Bewässerung des Gartens; er teilt sich dann in vier Arme" (Gen. 2, 10), von denen zwei die bekannten Namen Euphrat und Tigris tragen. Das bedeutet wohl: Im ursprünglichen Zustand der Schöpfung, in dem das Verhältnis des Menschen zu Gott und zur Natur noch ungebrochen und rein ist, wird auch die Fruchtbarkeit des irdischen Gartens durch den Strom gewährleistet in einem Maße, daß die ganze damals bekannte Welt daran teilhat. Darauf deutet auch die Zahl vier hin, die ein Symbol ist für die ganze irdische Ordnung.[10] Ein wichtiger Unterschied aber zum Wasser des Lebens im himmlischen Paradies besteht darin, daß dem Strom im Garten Eden noch die klare jenseitige, transzendente Bedeutung fehlt, wie sie sowohl im Gespräch Jesu mit der Samariterin am Jakobsbrunnen als auch in den Schlußkapiteln der Apokalypse ausgesprochen ist. Wer von dem Wasser trinkt, das Jesus ihm gibt, „wird nicht mehr dürsten in Ewigkeit", es ist ein Wasser, welches (wie ein Springquell) „hineinspringt ins ewige Leben" (Joh. 4, 14).

---

[10] vgl. dazu: M. Lurker, Wörterbuch der Symbolik. Kröner, Stuttgart, 4. Aufl. 1988, S. 771

In Verbindung mit dem Baum des Lebens und dem Wasser des Lebens müssen auch die Aussagen über den Tod an unseren drei Bibelstellen betrachtet werden. Im Schöpfungsmythos der Genesis (2, 7), im Garten Eden, ist dem Menschen die Strafe angedroht, daß er sterben wird, wenn er sich selbstherrlich anmaßt, an der Stelle Gottes zu bestimmen, was gut und was böse ist. Es ist schon darauf hingewiesen worden (S. 5), daß damit nicht der physische Tod gemeint sein kann. Das geistige, ewige Leben des Menschen im Frieden mit Gott geht durch den Sündenfall verloren.

Der Mensch kann aus eigener Kraft diesen schweren Schaden nicht „reparieren". Jesus Christus bringt durch seinen Tod am Kreuz, zu dem er sich im Garten Gethsemani endgültig bereit erklärt, den Menschen die Versöhnung und den Frieden mit Gott und somit wieder die Möglichkeit des ewigen Lebens, indem er durch seine Kreuzesopfer und seine Auferstehung Sünde und Tod überwindet.

Die Apokalypse spricht mehrfach von dem „zweiten Tod", der dem „Sieger"[11] nichts anhaben kann (2, 11) und keine Macht über ihn hat (20, 6). Während den Gottlosen und Sündern die Vernichtung im zweiten Tod droht (21, 8), wird Gott mit denen sein, die durch den Glauben „die Welt besiegt haben" (1. Joh. 5, 4). „Er wird jede Träne wegwischen von ihren Augen, der Tod wird nicht mehr sein, und nicht Trauer und Klage und Mühsal" (21, 4). Der „Sieger" wird das ewige Leben „erben" (21, 7); in der Gemeinde der Erlösten, die zum Heil gelangt sind, wird er die Vollendung finden im wahren Sein bei Gott.

Zusammenfassung

Die drei biblischen Gärten, die wir betrachtet und gedeutet haben, geben uns ein Bild vom Anfang, von der Mitte und vom Ende der Geschichte des Menschen mit Gott und der Heilsgeschichte. Der Zustand der reinen Natur des Menschen, wie Gott ihn geschaffen hat, geht verloren durch die Sünde. Das richtige Verhältnis zu Gott, zur Natur und zu sich selbst ist zerstört: Er muß den Garten Eden verlassen, er wird friedlos.

Dieser heillose Zustand des verlorenen Paradieses kann nur von Gott selber wieder aufgehoben werden. Das geschieht durch das Leiden und Sterben des menschge-

---

[11] Zum Begriff " Sieger „ (νικῶν) s.o. S. 8f !

wordenen Sohnes Gottes, welches im Garten Gethsemani in die Entscheidung tritt. Durch den Tod Jesu am Kreuz und seine Auferstehung wird der Mensch mit Gott versöhnt. Das setzt den Glauben und die Nachfolge Christi voraus, wozu der Mensch sich frei entscheiden kann. Nur so gelangt er in den Zustand des wiederhergestellten Heiles, des Friedens mit Gott, mit der Natur und mit sich selbst.

Aber das wiedergewonnene Heil ist nicht sofort vollkommen realisiert, es ist vielfach verborgen in der Bedrängnis, im Leiden und im Kampf. Doch wer im Glauben, in der Hoffnung und in der Liebe aushält und dadurch zum „Sieger" wird, gelangt durch Tod und Auferstehung in das himmlische Paradies, in dem der Baum des Lebens ihm seine Früchte spendet und das Wasser des Lebens ihn erquickt. So findet er die Vollendung im ewigen Frieden mit Gott und seinem Sohn Jesus Christus.

Gärten bei Homer

Ein uralter Mythos der Griechen erzählt von den Hesperiden, den Töchtern des Atlas und der Hesperia. Sie wohnen im Garten der Götter in der Nähe des Atlasgebirges, am äußersten westlichen Rande der Erde, und hüten dort den Baum mit den goldenen Äpfeln, die einst die Erdgöttin Gaia dem Zeus und der Hera als Hochzeitsgeschenk darbrachte. Da Hera an der Zuverlässigkeit der Hesperiden zweifelt, setzt sie den hundertköpfigen Drachen Ladon zusätzlich als Wächter der goldenen Äpfel ein. Herakles soll sie dem Eurystheus holen. Da er aber vor der Größe der Gefahr zurückschreckt, bittet er den Atlas, für ihn die schwierige Aufgabe zu übernehmen. Er bietet ihm an, einstweilen an seiner Stelle das Himmelsgewölbe zu tragen, was eigentlich die Aufgabe des Atlas war. Als dieser mit drei Äpfeln von den Hesperiden zurückkehrt, will er seinen alten Posten nicht wieder einnehmen, sondern die Äpfel selbst zu Eurystheus bringen. Herakles erklärt sich zum Schein einverstanden, möchte aber zuvor noch ein Polster auf seine Schultern legen. Sobald Atlas seine Last wieder auf sich genommen hat, macht sich Herakles mit den Äpfeln auf den Weg zu Eurystheus. Diesem aber ist das Geschenk wohl nicht ganz geheuer, so daß er es zurückgibt. Athene bringt dann die Äpfel wieder an ihren ursprünglichen Ort.

Der Garten der Hesperiden kann durchaus mit dem Garten Eden verglichen werden. Neben fundamentalen Unterschieden gibt es bedeutende Parallelen. Der Baum mit den goldenen Äpfeln, der zusammen mit anderen fruchttragenden Bäumen im Göttergarten steht[12], entspricht natürlich dem Baum des Lebens im Paradies der Genesis[13]: Die goldenen Äpfel sind ein Symbol der Unsterblichkeit; sie werden bezeichnenderweise dem Götterpaar Zeus und Hera von der Erdgöttin Gaia zur Hochzeit geschenkt, während im Garten Eden Gott als der Schöpfer der Erde und des Menschen mit dem Baum des Lebens das ewige Leben für den Menschen vorgesehen hat, wenn dieser es sich nicht verscherzt. In beiden Gärten ist der Baum vor dem eigenmächtigen und frechen Zugriff des Menschen geschützt, im Garten Eden durch die Kerubim mit dem Flammenschwert, im griechischen Göttergarten durch die Hesperiden und den Drachen Ladon. Aber hier ist der Schutz wirkungslos. Die goldenen Äpfel werden entweder von Atlas den Hesperiden, seinen Töchtern, mit List oder durch gutes Zureden entwendet, oder sie wer-

---

[12] Hesiod, Theogonie 215f
[13] Der Baum des Lebens ist – biblisch gesehen – kein Apfelbaum, wenn auch die spätere Darstellung in der Kunst und der Volksglaube noch soviel davon reden.

den von Herakles gewaltsam geraubt, indem er den Drachen Ladon erschlägt. Es fehlt diesem griechischen Mythos völlig der moralisch-transzendente Aspekt, welcher der Erzählung vom Garten Eden zugrunde liegt. In ihm ist der Zugriff des Menschen auf den Baum des Lebens durch göttliche Macht entschieden verwehrt, während im griechischen Mythos der Mensch (Eurystheus) wohl in den Besitz der goldenen Äpfel kommt, diese dann aber von sich aus an die göttliche Welt zurückgibt.

1. Der Garten der Kalypso

Kalypso, eine Tochter des Atlas, wohnt auf der baumreichen Insel Ogygia, in weiter Ferne, „wo der Nabel des Meeres ist" (Od. 1, 50). Als eine gesangeskundige Nymphe mit schön geflochtenen Haaren lebt sie dort, aber auch als eine schlimme, hinterlistige Göttin. Ganz allein, ohne Verkehr mit anderen Göttern oder Menschen haust sie in einer großen Höhle. Mit Gesang und Weben ist sie beschäftigt.
Sie nimmt den schiffbrüchigen Odysseus auf und behält ihn sieben Jahre bei sich, obwohl er sich nach Hause sehnt und vor Heimweh fast vergeht. Sie liebt und pflegt ihn, verspricht sogar, ihn unsterblich zu machen, wenn er als Gatte bei ihr bleibt. Erst der göttliche Auftrag, den Hermes überbringt, veranlaßt sie, Odysseus schweren Herzens freizugeben und auf die Heimreise zu schicken.
Ihre Höhle ist von einem Baumgarten umgeben, dem allerdings das sonst typische Merkmal der Abgrenzung (ἕρκος) fehlt. Aber das ist leicht erklärbar: Die ganze Insel ist ein friedliches Paradies, so daß es keines schützenden Zaunes oder Geheges bedarf gegen feindliche oder störende Elemente. Die Göttin lebt ganz im Einklang mit der Natur. Hier die Beschreibung des Gartens der Kalypso in der Übersetzung der Verse 5, 63 - 77 aus Homers Odyssee:

> „Bäume waren um die Höhle gewachsen, blühende, Erlen, Pappeln und wohlriechende Zypressen. Dort hatten Vögel mit langen Flügeln ihre Nester, Waldkäuze, Falken und Meerkrähen mit langen Zungen; sie lebten vom Fischfang im Meere. Um die gewölbte Grotte selbst rankte sich ein üppiger Weinstock, er strotzte von Trauben. Vier Quellen sprudelten aus einem Ursprung mit klarem Wasser, nahe beieinander; doch dann wandten sie sich hierhin und dorthin. An ihren Ufern aber grünten

weiche Wiesen mit Veilchen und Eppich. Da würde denn auch ein Unsterblicher, wenn er dorthin käme und das sähe, staunen und sich von Herzen freuen.
Da blieb stehen und staunte Hermes, der schnelle Begleiter und Bote. Aber als er das alles staunend betrachtet hatte, trat er sogleich in die geräumige Grotte."

Der Garten der Nymphe Kalypso ist ein wahres Naturparadies. Der erste Vers der Beschreibung (63) gibt gewissermaßen das Thema an: Die Bäume, welche die Grotte umgeben, sind ein Stück üppig grünender, blühender und gedeihender Natur. Denn das bedeutet τηλεθόωσα, welches mit θάλλω (blühen, grünen, sprießen) verwandt ist; und in πεφύκει steckt das Wort φύσις (Natur). Noch zweimal kommt das Wort θάλλω in der Beschreibung des Gartens vor: Der jungendfrische Weinstock, der sich um die Höhle rankt, strotzt von Trauben (τεθήλει Vers 69), und die Wiesen grünen üppig (θήλεον Vers 73). Dann werden drei Baumarten genannt: Erle, Pappel und Zypresse; nur letztere bekommt ein schmückendes Beiwort: wohlriechend (εὐώδης), welches anklingt an die Beschreibung der ganzen Insel, wenn es in Vers 59f heißt: „Weithin zog der Duft von Zedern- und Wacholderholz, welches in einem großen Herdfeuer verbrannt wurde, über die Insel." Aber der Duft der Zypresse geht natürlich vom lebenden Baum aus.
Die hier genannten Bäume repräsentieren die reine Natur, ohne Beziehung zu Zweck und Nutzen der Menschen. Möglicherweise deuten sie leise auf den dämonischen Charakter der Kalypso hin; denn alle drei, besonders aber die Zypresse, haben schon im alten Mythos der Griechen eine große Bedeutung gehabt im Zusammenhang mit dem Tod, der Bestattung und dem Totenkult.
Auch die Vogelwelt ist durch drei Arten vertreten: Eulen, Falken und Kormorane; die letzteren werden wiederum genauer beschrieben als Vögel, deren Nahrungssuche sich im Meer abspielt. Durch sie tritt der Inselcharakter des kleinen Paradieses wieder ins Bewußtsein. Ob den hier genannten Vogelarten ähnlich wie den Bäumen auch unheilverkündende Bedeutung zugesprochen werden kann, muß offen bleiben. Zumindest die Eulen (σκῶπες) galten schon in früher Zeit als Totenvögel.
Die nächsten zwei Verse (68f) bringen den jungen Weinstock, der sich um die Grotte rankt mit den üppigen Trauben: Ein Symbol der Fruchtbarkeit und des prallen Lebens.
Danach sehen wir die vier Quellen, die zunächst dicht beieinander, dann aber in alle vier Himmelsrichtungen fließen, d. h. die ganze Insel bewässern. Sie sind ein

deutlicher Hinweis auf das Paradies, in dem auch vier Ströme das Wachstum der Natur gewährleisten.

Dann die Wiesen mit ihrem weichen Gras und den schönen Blumen; es drängt sich der Vergleich auf mit der Szenerie der „Heiligen Hochzeit" (des ἱερὸς γάμος) des Zeus und der Hera, wie sie in der Ilias des Homer geschildert wird (14, 346 - 351). Bis ins Sprachliche reichen die verwandten Motive; die dichte und weiche Wiese, die Blumen (die hier zwar andere sind) und das üppige Wachstum der Natur.

Dieses reine Naturparadies, unberührt von jeglichem menschlichen Einfluß, ist zugleich ein Göttergarten, würdig der Göttin Kalypso, die Homer nach seiner Gepflogenheit menschengestaltig vorstellt: Sie arbeitet am Webstuhl und singt dabei mit schöner Stimme (Vers 61f). Während sogar ein Unsterblicher, wie der olympische Gott Hermes, Gefallen und Freude an diesem Paradies findet, kann sich der sterbliche Mensch Odysseus nicht mit dem Aufenthalt darin abfinden, trotz aller Fürsorge und Liebe der Göttin und trotz ihres Versprechens, ihn „unsterblich und nicht alternd" zu machen (Vers 135). Er sitzt, traurig vor Heimweh, klagend und weinend auf einem Felsen an der Steilküste, hinausblickend auf das weite, öde Meer. „Ihm liegt nichts an der wesenlosen Seligkeit des Götterseins in einem paradiesischen Gefängnis."[14]

Die Nymphe oder Göttin Kalypso ist eine poëtische Erfindung des Homer; und ihr Inselparadies ist eine homerische Gestaltung des Gartens der Hesperiden. Schon die Angabe Homers, sie sei eine Tochter des Atlas, deutet darauf hin. Auch die Hesperiden waren Töchter des Atlas, aber Kalypso finden wir nicht unter den drei oder vier Namen der Hesperiden im alten Mythos. Das bedeutet: Homer hat diese Gestalt erfunden und sie mit der Fähigkeit ausgestattet, als Göttin dem geliebten Menschen Unsterblichkeit zu verleihen. Was im vorhomerischen Mythos der Besitz der goldenen Äpfel bewirkte, kann bei Homer die göttliche Kraft direkt leisten. An die Stelle des märchenhaften, magischen Elementes tritt das unmittelbare Wirken der Göttin in Menschengestalt.

Diese „Humanisierung" und „Rationalisierung" des alten Mythos ist auch sonst bei Homer anzutreffen. Ein Beispiel aus der Ilias: Im vorhomerischen Mythos ist das Leben des Meleager auf magische Weise an ein Holzscheit gebunden, das bei der Geburt im Herdfeuer liegt. Wenn das Scheit völlig verbrannt ist, ist auch das Leben des Meleager vorbei. Die Mutter nimmt es sofort aus dem Feuer und verwahrt es sorgfältig. Später kommt es zu schweren familiären Zerwürfnissen, in deren Verlauf die Mutter sich dazu hinreißen läßt, das schicksalhafte Scheit wieder

---

[14] W. Schadewaldt, Von Homers Welt und Werk. 3. Aufl. Stuttgart, 1959, S. 377

ins Feuer zu werfen, worauf Meleager stirbt. – Homer beseitigt das magische Motiv und setzt dafür den Fluch der Mutter, der letzten Endes den Tod des Meleager auf dem Schlachtfeld zur Folge hat.
Die Vergleichbarkeit mit den Äpfeln der Hesperiden liegt auf der Hand: Das märchenhaft-magische Element des alten Mythos macht einer Möglichkeit Platz, die durch die Macht der menschengestaltigen Göttin bei Homer gegeben ist.
In beiden Gestaltungen des Gartens, der uralt-mythischen und der homerisch-poëtischen, geht es um die Unsterblichkeit. Aber diese bleibt den Göttern vorbehalten, deren wichtigstes Unterscheidungsmerkmal von den Menschen sie ja ist (ἀθάνατοι: Die Unsterblichen – θνητοί: Die Sterblichen). So findet die „Heilige Hochzeit" des Zeus und der Hera nach dem alten Mythos im Garten der Hesperiden statt, und als Hochzeitsgeschenk bekommen sie von Gaia, der Göttin der Erde, die goldenen Äpfel. Eurystheus aber läßt zwar diese Äpfel von Herakles holen, gibt sie dann aber zurück, weil ihm die Unsterblichkeit nicht zusteht. Er hat wohl auch – wie bei den anderen „Arbeiten" des Herakles – das vorrangige Ziel gehabt, diesen in Gefahr zu bringen.
Odysseus lehnt das Angebot der Unsterblichkeit von vornherein ab, mag es noch so verlockend sein. Er möchte lieber zurück in die einfachen menschlichen Verhältnisse auf seiner Heimatinsel Ithaka, die in ihrer Rauheit und Kargheit ein wahres Gegenbild zu Ogygia ist (Od. 9, 27 ff). Die Gründe für die Ablehnung sind klar: Als ein Urbild des Griechen kann sich Odysseus ein sinnvolles Leben nur vorstellen in der Gemeinschaft der Familie und der Stadt (πόλις). „Der Mensch ist ein Wesen, welches von Natur auf ein Leben in der Gemeinschaft angelegt ist" (ὁ ἄνθρωπος φύσει πολιτικὸν ζῷον. Aristoteles, Politika 1253a 2). Dazu steht im krassen Gegensatz das Dasein auf Ogygia, wo normalerweise „kein Mensch und kein Gott verkehrt" (Od. 7, 247), wo Odysseus „keine Schiffe und keine Gefährten hat" (Od. 4, 559 und 5, 16).
Der zweite Grund hängt hiermit zusammen und liegt – was zunächst äußerst paradox scheinen mag – in der Sehnsucht des homerischen Menschen nach einem Weiterleben über den Tod hinaus. Aber das ist eine ganz andere Unsterblichkeit als Kalypso sie verheißt. Sie besteht in der Anerkennung einer tüchtigen Lebensleistung durch die Gemeinschaft, auch der kommenden Generationen, also im Ruhm, der für den alten Griechen einen sehr hohen Wert hatte, weil er ihm ein Weiterleben nach dem Tode bedeutete. Oysseus selbst gibt dafür ein berühmtes Zeugnis, wenn er sich am Hofe der Phäaken nach langer Verborgenheit seiner Identität endlich zu erkennen gibt (Od. 9, 19f): „Ich bin Odysseus, des Laërtes

Sohn; durch alle möglichen schlauen Einfälle bin ich den Menschen bekannt, und mein Ruhm reicht bis zum Himmel."

Ein Leben außerhalb der menschlichen Gemeinschaft und ohne Ruhm wäre dem homerischen Menschen nicht lebenswert. Odysseus läßt sich durch die schmeichlerischen und bezaubernden Worte der Kalypso nicht verlocken, Ithaka, die rauhe menschliche Wirklichkeit, zu vergessen und in die schöne, paradiesische und göttliche Welt einzugehen. Es wäre sein geistiger und dann wohl auch sein physischer Tod, den er sich wünscht, wenn es ihm nicht vergönnt ist, „auch nur den Rauch (des Herdfeuers) von seinem Heimatland aufsteigen zu sehen" (Od. 1, 56 ff).

Hier scheint nun auch die dunkle Seite im Charakter der Kalypso durch: Sie ist nicht nur die freundliche und liebevolle Göttin, die dem gestrandeten Odysseus ein äußerlich angenehmes Leben ermöglicht, sondern auch hinter der schönen Fassade eine Göttin der Nacht und des Todes. Schon ihr Vater Atlas trägt das Beiwort ὀλοόφρων (Od. 1, 52): „auf Verderben, Unheil sinnend". Und sie selbst wird von Homer mehrfach als „hinterlistig" (δολόεσσα) und als „schlimme, gefährliche Göttin" (δεινὴ θεός) bezeichnet (Od. 7, 245f und 255). Als Tochter des Atlas und Schwester der Hesperiden, der Töchter des Abends oder der Nacht, wohnt sie weit im Westen, dem Abend-Land, welches schon den alten Ägyptern als Land der Toten galt.

Auch ihr Name findet so eine leichte Erklärung: καλύπτειν heißt „verbergen". Sie verbirgt den Menschen, den es auf ihre ferne, einsame Insel verschlägt, vor der ganzen übrigen Menschenwelt, so daß er sein wahres Leben in der Gemeinschaft und im Ruhm verliert und somit eines geistigen Todes stirbt.

Übrigens ist und bleibt die Unsterblichkeit, die sie Odysseus verleihen will, ein leeres Versprechen. Nirgendwo wird ein Beispiel erwähnt, daß sie tatsächlich jemanden unsterblich gemacht hätte. Wahrscheinlich ist es nur ein Mittel, Odysseus zum Bleiben zu überreden und als Mann an sich zu binden. Erst so sind ihre Beiwörter „hinterlistig" und „schlimm", „gefährlich" verständlich.

Homer hat der Kalypso auch eine Antipodin gegeben, Kirke, die zugleich Gegenbild und Parallele zu ihr ist. Wie Kalypso im äußersten Westen beheimatet ist, so Kirke auf einer Insel im weiten Osten. Sie ist die Schwester des Aietes, der wie Atlas das Epitheton ὀλοόφρων (auf Verderben sinnend) trägt (Od. 10, 137). Ihr selbst werden von Homer dieselben Beiwörter zugeschrieben wie der Kalypso: δολόεσσα (hinterlistig) und δεινὴ θεός (eine schlimme Göttin). Zahlreich sind die Einzelheiten, durch welche Homer die beiden Göttinnen in Beziehung zueinander setzt: Beide bewohnen eine bewaldete Insel, beide haben eine schöne Stimme und begleiten ihre Tätigkeit am Webstuhl mit Gesang; für den Versuch beider, Odysseus für sich einzunehmen, gebraucht Homer dasselbe Verb (θέλγειν), und beide Male hilft der Götterbote Hermes dem Odysseus, sich aus der gefährlichen Verstrickung, die sein wahres Menschsein bedroht, zu befreien.

Odysseus selbst setzt in der Erzählung seiner Abenteuer am Hofe der Phäaken die beiden Göttinnen in eine klare Parallele: „Dort hielt mich zurück Kalypso, die treffliche Göttin, in gewölbten Grotten, in dem Begehren, mich als Gatten zu haben. Ebenso hielt mich Kirke zurück in ihren Gemächern, die hinterlistige, auf der Insel Aiaia, in dem Begehren, mich als Gatten zu haben."(Od. 9, 29 - 32) Die Wiederholung derselben Wortgruppe λιλαιομένη πόσιν εἶναι (Epanalepsis) für das unheilvolle Begehren der beiden Göttinnen unterstreicht auch poëtisch ihre Parallelität. Gegensätzlich ist die Art und Weise, in der die beiden den Odysseus zu binden versuchen. Kalypso verspricht, ihn unsterblich zu machen, Kirke will ihn in ein Tier verwandeln. Beides verhindert Odysseus. Seine Welt liegt mitten zwischen der göttlichen und der tierischen; es ist die reale Welt des Menschen auf Ithaka, wonach er sich stets von Herzen sehnt und wohin er schließlich trotz aller Verlockungen und Widerstände zurückkehrt.

2. Der Garten des Alkinoos

„Draußen vor dem Hof ein großer Garten nahe am Tor, vier Morgen groß. Ringsum ist ein Zaun errichtet in der Länge und Breite. Im Garten stehen hohe Bäume in üppigem Wachstum, Bäume mit herrlichen Früchten: Birnen, Granaten und Äpfel, süße Feigen und üppige Oliven. Deren Früchte verderben niemals und bleiben niemals aus, nicht sommers, nicht winters, das ganze Jahr über. Sondern der immerdar wehende Westwind läßt die einen heranwachsen, die anderen reifen. Birne gedeiht an Birne, Apfel an Apfel, sowie Traube an Traube und Feige an Feige. Dort aber hat ihm ein früchtereicher Weingarten Wurzeln geschlagen; ein Teil davon trocknet als Dörrplatz in der Sonne auf ebenem, offenem Gelände; es gibt Trauben, die reif sind für die Lese, andere sind in der Kelter. Im Vordergrund aber stehen Herlinge, welche die Blüte abwerfen, andere beginnen sich dunkel zu färben. Dort sind auch Beete in Reih und Glied am unteren Rande des Weinbergs, verschiedenartige, welche das ganze Jahr hindurch schön sind. Darin sind zwei Quellen; die eine verteilt sich über den ganzen Garten, die andere aber gegenüber fließt an des Hofes Schwelle heran, zum hohen Haus; aus ihr holten die Bürger

Wasser. Derart herrliche Gaben also hatten die Götter dem Alkinoos verliehen. Da blieb stehen der geduldige, göttliche Odysseus und staunte. Dann aber, als er alles staunend betrachtet hatte, trat er rasch über die Schwelle in das Haus ein"(Od. 7, 112 - 135).

Dem ersten Blick erscheint der Garten des Alkinoos nicht außergewöhnlich. Da ist der Palast mit einem Hof, davor nahe beim Tor der große Garten mit einem Zaun ringsum. Aber die einzelnen Abteilungen des Gartens, die jeweils durch das einleitende ἔνϑα δέ markiert sind, weisen dann doch Besonderheiten auf. Zunächst die Obstbäume und die anderen Fruchtbäume: Sie gedeihen nicht nur prächtig, sondern ihre Früchte fallen niemals vorzeitig ab, es gibt sozusagen keine Fehlversuche, und sie gelangen das ganze Jahr über zur Reife, sommers und winters. Dazu trägt bei der stets wehende Westwind, der gleichzeitig Früchte aus der Blüte heranwachsen und andere zur Reife kommen läßt, so daß alle Wachstumsstadien sich das ganze Jahr über vollziehen. Es ist Zephyros, der warme Wind des ewigen Frühlings, der das möglich macht.

Auch die zweite Abteilung, der Weingarten, läßt dieses Merkmal erkennen, in bunter, nicht chronologischer Reihenfolge werden die einzelnen Phasen des Wachstums der Reben und ihrer Verarbeitung vorgeführt: Auf einem sonnenbeschienenen Platz werden die Trauben getrocknet, dann kommen die Weinlese und die Kelter; an anderer Stelle die noch unreifen Trauben, die gerade erst ihre Blüten verlieren, andere färben sich schon dunkel. Auch hier findet also das ganze Jahr über das Blühen und Reifen gleichzeitig statt.

Im dritten Bereich sehen wir Gemüsebeete, wohlgeordnet und mannigfaltig, immerzu prächtig gedeihend.

Mit ἐν δέ wird eine umfassende Naturgegebenheit angekündigt: Zwei Quellen bewässern nicht nur den ganzen Garten, sondern versorgen auch den Palast und die Bürger mit Wasser. Die Anlage insgesamt ist ein herrliches Geschenk der Götter.

Die paraphrasierende Betrachtung hat gezeigt: Der Garten des Alkinoos ist doch kein gewöhnlicher, es ist ein Garten der Goldenen Zeit. Homer hat wiederum einen uralten Mythos aufgegriffen, den Mythos von den Weltaltern, insbesondere von der Goldenen Zeit. Zahlreiche Motive, wie sie Hesiod und Ovid u. a. bei der Gestaltung dieses Mythos verwenden, sehen wir auch bei Homer: Obst und Früchte gedeihen von selbst in üppiger Fülle, vor allem aber das ganze Jahr über; es herrscht ewiger Frühling; auch Wein und Gemüse reifen immerzu. Das ist ver-

gleichbar mit dem Garten Eden und mit dem himmlischen Paradies: „Gott der Herr ließ aus dem Erdboden allerlei Bäume aufsprießen, lieblich zum Anschauen und gut zur Nahrung" (Gen. 2, 9); und ... „ steht der Baum des Lebens, der zwölfmal Früchte trägt, jeden Monat seine Frucht abgebend" (Apk. 22, 2).
Aber Homer gestaltet den alten Mythos nach seiner Art neu. Er beschreibt die Goldene Zeit nicht wie Hesiod und Ovid allgemein, sondern er konkretisiert sie im Garten des Alkinoos; er läßt sie eine Verbindung eingehen mit einem Menschengarten, der zwar weitgehend die Züge eines gewöhnlichen, wenn auch üppigen Gartens trägt, in dem aber wesentliche Elemente der Goldenen Zeit durchscheinen. Vollends unverkennbar wird diese Verbindung, wenn man den Palast des Alkinoos in die Betrachtung einbezieht. Er wird unmittelbar vor dem Garten beschrieben (7, 81 - 111), der ja zu ihm gehört. Und zwar gestaltet Homer den Palast ganz in Anlehnung an die ersten drei Stufen der Weltalter: Bronzen sind die Schwelle und die Mauern, silberne Pfosten stehen auf der bronzenen Schwelle, silbern ist auch der Türsturz; golden sind die Türen, an denen sich ein goldener Türring befindet; goldene und silberne Hunde, von Hephaistos kunstvoll geschaffen, sind als Wächter des Palastes aufgestellt. „Sie sind unsterblich und alterslos alle Tage" (7, 94), ein Prädikat, welches bei Homer sonst den Göttern, z. B. auch der Kalypso, zugeschrieben wird (5, 218). Goldene Knaben stehen auf Altären, brennende Fackeln in den Händen, zur Beleuchtung beim abendlichen Festmahl, welches zugleich Götterdienst ist.
Nicht nur Garten und Palast des Alkinoos erinnern an die ersten drei Weltalter, besonders an die Goldene Zeit, sondern auch die Lebensumstände des Königs und der Phäaken, wie ein Vergleich mit der Schilderung dieser mythischen Urzeit bei Hesiod zeigt (Werke und Tage 109ff): Sie lebten wie die Götter, ohne Kummer und Mühsal; sie freuten sich am festlichen Mahl und kannten kein Leid; Alter und Tod waren nichts Schreckliches für sie; die Erde spendete ihnen Früchte in üppiger Fülle; die leichte Arbeit verrichteten sie gern und in stiller Zufriedenheit.
Das besondere, alles umfassende Merkmal der Welt des Alkinoos ist die Götternähe. Sein Garten enthält in seiner Fruchtbarkeit „herrliche Gaben der Götter", wie es im Abschlußvers der Beschreibung heißt (7, 132). Und Odysseus bleibt davor stehen und betrachtet ihn staunend (7, 133), genauso wie der Gott Hermes den göttlichen Garten der Kalypso bestaunt; durch dieselbe wiederholte Vershälfte (ἔνθα στὰς θηεῖτο) kennzeichnet Homer die parallele Situation (7, 133 ~ 5, 75). Alkinoos selbst steht den Göttern besonders nahe; er läßt sich von ihnen kluge Ratschläge erteilen (6, 12), so daß er als ein gerechter und gütiger König sein Volk regiert, welches auf ihn wie auf einen Gott hört (7, 11). Auch die Königin Arete

wird von den Leuten wie eine Göttin angesehen und als solche gegrüßt, wenn sie über die Straße geht (7, 71f). Und Nausikaa erscheint dem Odysseus bei der ersten Begegnung am ehesten wie die Göttin Artemis, wenn auch in seiner Anrede etwas von einer schmeichelnden captatio benevolentiae liegen mag. Selbst die Brüder der Nausikaa sind „den Göttern gleich" (7, 5), und vom ganzen Volk der Phäaken heißt es: „Sie sind gut befreundet mit den Göttern" (6, 203).

So liegt insgesamt über der Welt des Alkinoos, über seinem Palast und Garten, ein göttlicher Glanz, ein Hauch der Goldenen Zeit, in der die Menschen Anteil hatten „an der Fülle und dem Glück göttlicher Existenz".[15]

Es ist nicht ausgeschlossen, daß in der homerischen Gestaltung des Mythos vom Hof des Alkinoos und von den Phäaken eine Erinnerung erhalten ist an das minoische Kreta. Homer selbst gibt einen deutlichen und direkten Hinweis darauf, wenn er den Alkinoos zu Odysseus sagen läßt (7, 317ff): „Ich werde dir Geleit nach Hause geben, mag deine Heimat noch weiter entfernt sein als Euboia, wohin meine Leute gekommen sind, als sie Rhadamanthys dorthin brachten." Dieser aber war als Bruder des Minos und König von Phaistos auf Kreta ein mythischer Repräsentant der minoischen Kultur.

Aus der genauen Betrachtung und Interpretation einzelner Motive aus der Welt des Alkinoos und der „schiffberühmten" Phäaken (7, 39) lassen sich weitere Hinweise gewinnen. Da sind zunächst ihre Wunderschiffe, die als Geschenke des Poseidon (7, 35) geradezu göttliche Eigenschaften haben: Sie sind so schnell wie Flügel oder Gedanken (7, 36); sie haben die Strecke von Kreta nach Euboia hin und zurück mühelos an einem Tag geschafft (7, 325f). Sie sind beseelt und brauchen keine Steuermänner und Steuerruder. Sie selbst kennen die Gedanken der Menschen, die Städte und Länder. Sie brauchen keine Angst zu haben vor Schaden oder Untergang (8, 556ff).

Kreta war in der minoischen Frühzeit die Basis für eine ausgedehnte Seeherrschaft (Thalassokratie) im Mittelmeer. Die Handelsbeziehungen umfaßten nicht nur die Inseln der Ägäis, sondern reichten bis nach Kleinasien, Ägypten und Afrika, wahrscheinlich auch weit in das westliche Mittelmeer. Ohne gut gebaute Schiffe von hoher technischer Qualität hätte Kreta die zentrale seebeherrschende Rolle nicht spielen können. Die späteren Griechen aber waren von Norden, vom europäischen Festland, eingewandert; ihnen war das Meer ursprünglich fremd oder erschien ihnen gar feindlich, jedenfalls nicht vertraut. Daher mußten für sie die Schiffe der seefahrenden Minoer geradezu etwas Übernatürliches, Göttliches haben, so daß

---

[15] vgl. W.Marg, Hesiod. Darmstadt, 2. Aufl. 1984, S. 347

sich auch aus diesem Grunde der Mythos von Kreta als einer Insel des Goldenen Zeitalters bilden konnte.

Ein weiteres Indiz dafür, daß sich in der homerischen Gestaltung der Verhältnisse am Phäakenhof Gegebenheiten der minoischen Kultur widerspiegeln, ist die ungewöhnliche Bedeutung der Königin Arete. In den Anweisungen der Nausikaa für Odysseus, wie er die Heimsendung erreichen kann, nimmt sie eine geradezu matriarchalische Stellung ein (6, 310ff). Von ihr hängt die Heimkehr des Odysseus ab, wenn auch später die praktische Ausführung des Geleites mehr in den Händen des Alkinoos liegt. Jedenfalls erinnert diese Frauengestalt deutlich an die dominierende Rolle der Frau in der minoischen Kultur.

Es kann auch kein Zweifel daran bestehen, daß die Fruchtbarkeit des Gartens auf Scheria eine Reminiszenz enthält an die üppige, stellenweise subtropische Fruchtbarkeit mancher Landstriche Kretas auch schon in minoischer Zeit. Zwar haben wir aufgrund der Quellenlage keine Beschreibung des minoischen Gartens, dürfen aber trotzdem durch die Auswertung bildlicher Darstellungen annehmen, daß die minoischen Kreter sehr wohl Blumen- und Baumgärten gekannt haben. Sie enthalten deutliche Hinweise auf das zentrale Motiv des Lebens und der Religion der Minoer, nämlich die vegetative und animalische Fruchtbarkeit. Als ein Beispiel möge dienen ein Goldring unbekannter Herkunft, aufbewahrt im archäologischen Museum von Iraklion (AMI) und in Vergrößerung abgebildet bei N. Platon[16]. Dargestellt ist darauf die Epiphanie einer Göttin, herbeigefleht von einer Priesterin in Gebetshaltung; diese steht vor einem Gehege mit dem heiligen Baum, eine zweite Priesterin umfaßt gegenüber mit beiden Händen einen ähnlichen, wohl jungen Baum, den sie aus dem Gehege gehoben hat. Der Sinn dieser kleinen Gartenszene ist klar: Die Frauen erflehen das Erscheinen der Göttin, die der gesamten vegetativen und animalischen Natur, auch den Menschen, Gedeihen und Fruchtbarkeit verleihen soll. Durch die magische Berührung des Baumes werden auch die Frauen der göttlichen Kraft und Fruchtbarkeit teilhaftig.[17]

In diesen Zusammenhang gehört auch die Betonung der weiblichen Brust bei den dargestellten Figuren, sowohl bei den Priesterinnen als auch bei der erscheinenden Göttin. Das Gebären, die Weitergabe des Lebens, war bei den Minoern eine göttliche Gabe und begründete den hohen Rang und die beherrschende Würde der Frau. Nach diesem Vorbild hat wohl Homer der Königin Arete am Phäakenhof ihre außergewöhnliche Stellung verliehen.

---

[16] Im Kreta – Band der Reihe „Archaeologia Mundi" von N.Platon, Genf 1968. Bild – Nr. 114.
[17] Ausführlich ist das Thema „Epiphanie und Fruchtbarkeit in der minoischen Kultur von mir behandelt in der Schrift „Das Stierfresko von Knossos" 1995, S. 19ff.

Nach allem können wir den Garten des Alkinoos betrachten als einen „Menschengarten", über dem wie über dem Palast des Alkinoos die Schönheit und der Frieden der Goldenen Zeit und der besondere Segen der Götter ruhen. Im Gegensatz dazu steht der „Göttergarten" der Kalypso: Schön, aber steril und ohne Nutzen. Für wen sollte er auch nützlich sein, da Kalypso in göttlicher Abgeschiedenheit, isoliert von jeglichem Umgang mit Göttern und Menschen, egoistisch vor sich hin lebt. Die Bäume ihres Gartens sind ausschließlich Zierbäume, keine Fruchtbäume wie im Garten des Alkinoos. Und der König gibt den Bürgern Anteil an den Erträgen, sowie sie auch Wasser schöpfen dürfen aus einer der beiden Quellen (7, 13f). Auch die beiden Frauengestalten, Kalypso und Nausikaa, stehen in einem deutlichen Kontrast zueinander. Dort das schöne, aber auch gefährliche Weib, welches nur an sich denkt und dem die Trennung des Odysseus von seiner Heimat und Frau gleichgültig ist. Hier das junge, natürlich-einfache Mädchen, welches eine zarte und zurückhaltende Neigung zu dem gestrandeten Odysseus faßt; das aber seine aufkeimende Liebe zurückstellt hinter der Hilfsbereitschaft und das den Wunsch des Fremden, zurückzukehren in seine Heimat und zu seiner Gattin, wie selbstverständlich respektiert.

In welchem Verhältnis steht nun Odysseus zur Welt der Phäaken, die von den ersten drei Weltaltern, besonders vom Goldenen, geprägt ist? Hesiod hat in seinem Mythos nach diesen dreien als viertes das Zeitalter der Heroen eingeführt, die um Theben und Troja gekämpft haben. Besonders bemerkenswert ist ein wohl uralter Mythos, den Hesiod vom Schicksal der Heroen nach dem Kampf um Troja erzählt. Er lautet so ganz anders als wir es durch die dominierende Rolle der homerischen Epen und der Tragiker gewohnt sind (Hesiod, Werke und Tage 166ff): Zeus schenkt den Überlebenden fern von den Menschen Lebensunterhalt und Wohnsitze am Ende der Welt. Dort leben sie auf den Inseln der Seligen sorglos und glücklich. Dieselbe Vershälfte ἀκηδέα θυμὸν ἔχοντες (sie hatten keinen Kummer im Herzen) stellt sie nahezu den Menschen der Goldenen Zeit gleich (Vers 169 ~ Vers 112). Sie genießen die wohlschmeckenden Früchte, die ihnen der fruchtbare Boden dreimal im Jahr in Fülle spendet.

Könnte es nicht sein, daß Homer Motive dieses Mythos von der Insel der Seligen in seiner Darstellung der Alkinoos - Insel Scheria hat einfließen lassen, insbesondere durch das Motiv von der immerwährenden Fruchtbarkeit des Bodens, die ja den Garten des Alkinoos auszeichnet? Odysseus träte dann als ein Vertreter des Heroenzeitalters in diese märchenhafte Welt ein und hätte die Möglichkeit, dort ein sorgloses Leben zu führen. Aber er lehnt auch das ab, wie er schon das scheinbar paradiesische, wenn auch noch so verlockende Bleiben bei der Göttin Kalypso

verschmäht hat zugunsten der Heimkehr in das rauhe Ithaka, in die reale Menschenwelt, die ihm zugehörig ist.
Aber dort ist die Welt nicht in Ordnung; durch die „Freier" am Hof des Odysseus bestehen Verhältnisse, wie sie Hesiod dem fünften Weltalter, der Eisernen Zeit, zuschreibt. Diese Freier sind keinesfalls realistisch, sozusagen historisch zu verstehen; an die 115 Männer, die jahrelang im Palast des Odysseus herumlungern und um Penelope werben – das ist vordergründig – realistisch nicht vorstellbar, sondern nur als eine poëtisch-symbolische Aussage. Gemeint ist, daß sich in Abwesenheit des gerechten Herrn das Böse in vielfältigen Formen breitgemacht hat. Und so schildert Hesiod die Verhältnisse in der Eisernen Zeit:
Die wenigen noch verbleibenden Gerechten und Guten haben unaufhörlich drückende Sorgen, Mühe und Jammer. Die herrschende Schicht sind die Frevler, die nicht wahrhaben wollen, daß die Götter auf alles achten und die Missetaten strafen werden, bis hin zur Vernichtung des Eisernen Geschlechtes. Es herrscht das Faustrecht, das keine Anerkennung für das Gerechte und Gute kennt. Der Stärkere zerstört das Anwesen des Schwächeren und beutet es aus, der Niedrige schadet dem Besseren, so daß es keine Abwehr des Unheils mehr gibt. Der Fremde ist nicht nach altem Gastrecht willkommen, auch vor dem Alter hat man keine Achtung. Überhaupt fehlt ganz allgemeine die αἰδώς, die Ehrfurcht, an deren Stelle die ὕβρις, der freche Hochmut, getreten ist. So nimmt es kein Wunder, daß die beiden Göttinnen Αἰδώς (die Ehrfurcht) und Νέμεσις (die ausgleichende Gerechtigkeit) von der Erde zum Olymp geflohen sind, weil sie es bei den verkommenen Menschen nicht mehr aushalten können.
Durch diese Menschen der Eisernen Zeit sind auch die Verhältnisse am Hofe des Odysseus in seiner Abwesenheit gekennzeichnet: Seine Frau Penelope wird von den Freiern fortwährend bedrängt, sein Sohn Telemachos mehrfach mit dem Tode bedroht, sein Hab und Gut verzehrt und verschwendet, seine Dienerschaft drangsaliert, mit den untreuen Mägden wird Unzucht getrieben. Und nicht zuletzt wird der greise Vater Laërtes von Haus und Hof vertrieben, so daß er nur noch mit einem alten Diener und dessen Söhnen Zuflucht finden kann in seinem Garten vor der Stadt. Hilfsbedürftige Fremde werden gekränkt, beschimpft und abgewiesen. So sind die Freier insgesamt ein Sinnbild für den frechen, unverschämten Hochmut, den Hesiod als das Hauptkennzeichen der Eisernen Zeit bezeichnet hat.
Aber er hat auch von dem göttlichen Strafgericht gesprochen, von der Möglichkeit, daß Zeus dieses Geschlecht vernichten wird. Das geschieht auf Ithaka durch den heimkehrenden Odysseus, der die Tötung der Freier und der untreuen Diener-

schaft nicht als einen persönlichen Racheakt versteht, sondern als Vollzug der göttlichen Strafe. Homer läßt ihn selbst diesen Sachverhalt aussprechen: „Diese aber hat die Fügung der Götter überwältigt sowie ihr frevelndes Tun. Denn sie ehrten niemanden von den Menschen auf Erden, weder einen schlechten noch einen guten, wer immer zu ihnen kam. Deswegen erlagen sie auch auf Grund ihrer Missetaten einem schmählichen Schicksal (22, 414ff). Dasselbe sagt noch einmal Penelope mit teilweise den gleichen Versen: „Einer von den Unsterblichen hat die Freier getötet, entrüstet über den kränkenden Hochmut und die böse Taten. Denn sie ehrten niemanden von den Menschen auf Erden, weder einen schlechten noch einen guten, wer immer zu ihnen kam. Deswegen widerfuhr ihnen Unheil auf Grund ihres Hochmuts." (23, 63ff).

Über dem Garten des Alkinoos liegt der Glanz der Goldenen Zeit. In ihm sowie im Palast des Königs und auf der ganzen Insel Scheria können die Menschen leben im Frieden mit den Göttern, mit der Natur und mit sich selbst. In die Darstellung der Verhältnisse auf der Phäakeninsel und am Hof des Alkinoos hat Homer auch Motive einfließen lassen aus dem alten Mythos von der Insel der Seligen sowie Erinnerungen an die Glanzzeit des minoischen Kreta. Odysseus betrit staunend diese faszinierende, paradiesische Welt als ein Überlebender des Heroen-Zeitalters. Aber er kann dort nicht bleiben, ihn zieht es zurück in die reale, ihm zugehörige Welt seiner Heimatinsel Ithaka, mögen dort auch inzwischen während seiner langen Abwesenheit die schlimmen Verhältnisse der Eisernen Zeit eingebrochen sein. Er fühlt sich berufen, an den frechen und hochmütigen Eindringlingen, die Recht und Sitte nicht achten, das göttliche Strafgericht zu vollziehen und für sich, seine Angehörigen und alle Menschen, die ihm als dem gerechten König treu geblieben sind, den Frieden und das Glück der Goldenen Zeit wieder herbeizuführen.

3. Der Garten des Laërtes

Die Betrachtung des dritten Gartens in der Odyssee kann unmittelbar angeschlossen werden an das Ende des vorhergehenden Kapitels. Zu den unsäglichen Missetaten der Freier im Palast des Odysseus gehört die Vertreibung des greisen Vaters von Haus und Hof. Vor den Toren der Stadt findet Laërtes Zuflucht in seinem Garten, zu dem auch ein Landhaus und ein Feld gehören. Dort führt er in stillem Kummer ein bescheidenes, aber auch zufriedenes Leben, betreut von seiner alten

Dienerin aus Sizilien und unterstützt von dem greisen Dolios, von dessen Söhnen und anderen Knechten, die ihm die Feldarbeiten verrichten.

Nach dem Vollzug des göttlichen Strafgerichtes an den Freiern begibt sich Odysseus, begleitet von seinem Sohn Telemachos und zwei treuen Hirten, zu seinem Vater vor den Toren der Stadt. Es fügt sich so, und er selbst weiß es so einzurichten, daß er ihn allein bei der Arbeit in seinem Garten antrifft. Dort findet nach zwanzigjähriger Abwesenheit die Wiederbegegnung und Wiedererkennung von Vater und Sohn statt.

Hier nun die homerische Beschreibung des Gartens, des Landgutes und die Darstellung des zugehörigen Geschehens in Übersetzung (Od. 24, 205 - 234):

„Als sie die Stadt verlassen hatten, gelangten sie bald zum schönen, wohlbestellten Landgut des Laërtes, welches dieser selbst einmal unter großen Mühen sich angelegt hatte. Er besaß dort ein Haus, welches auf allen Seiten von den Wohnungen der Diener umgeben war; darin aßen sie, ruhten sich aus und schliefen sie, die erforderlichen Diener, welche ihm die anfallende Feldarbeit verrichteten. Darin war eine alte Frau aus Sizilien tätig, die den Greis sorgsam pflegte, draußen vor der Stadt.

Da sagte Odysseus zu seinen Knechten und seinem Sohn:

‚Geht ihr nun in das gut gebaute Haus, schlachtet sogleich den besten Eber und bereitet das Essen! Ich aber werde unseren Vater auf die Probe stellen, ob er mich wiedererkennt, wenn er mich mit eigenen Augen wahrnimmt, oder ob er mich nicht erkennt, da ich lange Zeit fern von ihm war.'

So sprach er und gab seinen Dienern das Kampfgerät. Die gingen dann eilig ins Haus, Odysseus aber trat näher an den früchtereichen Garten heran, um ihn genau zu mustern. Er fand nicht den Dolios, als er in den großen Obstgarten hineinging, auch niemanden von dessen Mitsklaven oder Söhnen. Sondern sie waren fortgegangen, um Steine zu sammeln für den Gartenzaun, und der alte Dolios ging ihnen voran. Seinen Vater aber fand Odysseus im wohlbestellten Garten, allein, wie er das Erdreich um die Bäume lockerte. Er trug ein schmutziges Gewand, geflickt und unansehnlich; um die Beine hatte er Wadenschoner gebunden, aus Rindsleder zusammengenäht, um Verletzungen durch Dornen zu vermeiden. An den Händen trug er Handschuhe, des Dorngestrüpps wegen. Auf dem Kopf hatte er eine Kappe aus Ziegenfell; im Herzen hegte er Kummer.

> Als nun der leidgeprüfte, treffliche Odysseus ihn erblickte, vom Alter gebeugt, von großem Kummer gequält, trat er unter einen hoch aufgeschossenen Birnbaum und weinte."

Er schwankt einen Augenblick, ob er sich sofort zu erkennen geben und seinen Vater liebevoll begrüßen soll oder ob es besser ist, ihn erst ein bißchen auszufragen. Mit dem Entschluß, ihn mit neckenden Worten hinzuhalten, wendet er sich an ihn (24, 244 - 255):

> „Greis, du bist nicht ungeschickt in der Gartenarbeit, sondern du pflegst ihn wirklich gut, und überhaupt nichts ist ohne Pflege im Garten, kein Gewächs, nicht Feigenbaum, nicht Weinstock, nicht Ölbaum, nicht Birnbaum und kein Gemüsebeet. Aber ich will dir noch etwas anderes sagen, nimm es mir nicht übel: Du selbst genießt keine gute Pflege, sondern zu deinem beklagenswerten Alter kommt noch, daß du arg dreckig bist und unansehnlich gekleidet. Es ist nicht Trägheit, weswegen dein Herr dich nicht pflegt, und nichts Knechtisches zeigt sich in deinem Aussehen, an Größe und Gestalt; denn du gleichst einem königlichen Mann. Als einem solchen aber stände es dir zu, nach dem Baden und Essen in einem weichen Bett zu schlafen. Denn das ist das Recht der Alten."

Odysseus spielt nun mit einer erfundenen Geschichte, die indirekt von ihm selber handelt, ein Verstecken, welches er erst dann aufgibt, als er den gramgebeugten Vater um seinen vermeintlich verlorenen Sohn wie um einen Toten trauern sieht. Er gibt sich zu erkennen, der Vater aber möchte von ihm eindeutige Zeichen, daß er wirklich der heimgekehrte Sohn ist. Dieser zeigt ihm wie schon der Amme Eurykleia seine Narbe, dann aber spricht er von einem Kindheitserlebnis im Garten des Laërtes (24, 336 - 344):

> „Aber wohlan, ich will dir auch die Bäume im wohlbestellten Garten nennen, die du mir einst geschenkt hast; ich bat dich um jeden einzelnen, als ich noch ein Knabe war und dir in den Garten gefolgt war. Wir schritten durch ihre Reihen, du aber nanntest sie einzeln beim Namen. Birnbäume gabst du mir dreizehn und zehn Apfelbäume, vierzig Feigenbäume. Und Weinstöcke versprachst du mir ebenso fünfzig zu geben, von einem jeden konnte man durchgehend ernten. – Daran reifen

mannigfaltige Trauben, wenn die Horen des Zeus günstig von oben her wirken."

Der Garten des Laërtes trägt die Merkmale der Eisernen Zeit. Er ist die letzte Zufluchtsstätte des alten Mannes, den die Freier, die Verkörperungen des Bösen in der Eisernen Jetztzeit, aus seinem Besitz und seiner würdevollen Stellung vertrieben haben. Als hochmütige Frevler beherrschen sie Ithaka (24, 282), ohne Recht und Sitte zu achten, so daß Laërtes mit wenigen Getreuen aufs Land fliehen muß. Dort hat er sich in mühevoller Arbeit ein ländliches Anwesen mit einem Garten geschaffen (24, 205ff), in dem er abseits vom Unrecht der Zeit leben kann. Es ist ein Leben in stillem Kummer und mit harter Arbeit, aber auch im Frieden mit den Göttern, mit der Natur und mit den treuen Dienern, die ihm geblieben sind.

Auch der Garten des Alkinoos, der Garten der Goldenen Zeit, war nicht ganz frei von Arbeit, aber diese war leicht und mit der Freude der Ernte von Früchten verbunden, welche die Erde von selbst (αὐτομάτη) in reicher Fülle spendete (Hesiod, Op. 117f). Laërtes aber verrichtet in seinem Garten knechtliche Arbeit, auf welcher die Mühsal der Eisernen Zeit lastet (der´ labor improbus nach Vergil) und welche einer sperrigen Natur den Ertrag abringt. Er ist zur Sklavenarbeit erniedrigt, die weder seinem Alter noch seiner königlichen Würde entspricht. In dreckiger und unansehnlicher Kleidung geht er geduldig seinem Tagewerk nach, so daß Odysseus zwar über den wohlbestellten und gut gepflegten Garten staunen kann, aber seinen Mißmut äußern muß über die Vernachlässigung des Alten. Doch trotz des ungepflegten Äußeren seines Vaters bleibt den aufmerksamen und liebevollen Augen des Sohnes nicht verborgen, daß durch die Erniedrigung noch die würdevolle und königliche Gestalt seines Vaters durchscheint. Und diese wird auch äußerlich wiederhergestellt, nachdem sich Vater und Sohn wiedererkannt haben und in das Haus gegangen sind, das zu dem ländlichen Anwesen gehört. Dort wird Laërtes von seiner sizilianischen Dienerin gebadet und mit Olivenöl gesalbt; auch bekommt er ein schönes Gewand anzuziehen. Und die Göttin Athene stärkt ihm die Glieder so wie sie es auch zuvor dem Odysseus getan hatte, als die bösartigen Freier den armseligen Bettler Iros zum Faustkampf gegen den als Bettler verkleideten Herrn aufhetzten (18, 69f). Dieselben Verse zeigen wiederum die Parallelität an.[18] So kann Odysseus seinen Vater bewundern, wie er größer und stattlicher auftritt als vorher, den Göttern gleich, von denen einer dafür gesorgt hat, daß aus der Erniedrigung die wahre königliche Gestalt des Laërtes wieder hervortritt (24, 365 -

---

[18] 24, 367f = 18, 69f

374). Er steht nun auch äußerlich ebenbürtig neben Alkinoos, dem gerechten und gütigen König, der sich ja besonderer Götternähe erfreute.
Während Odysseus in seinem Palast durch ein hartes Strafgericht die Grundlage dafür erkämpft hat, daß in der Stadt wieder der Friede der Goldenen Zeit einkehren kann, hat Laërtes auf dem Lande[19], besonders in seinem Garten, fern von der Stadt im kleinen Kreise der wenigen Getreuen den Frieden mit den Göttern und der Natur verwirklicht. Aber dieser ist nicht einfach ein Geschenk der Götter wie für Alkinoos, sondern er ist verbunden mit der mühseligen Arbeit der Eisernen Zeit. Dennoch schimmert ein wenig die Goldene Zeit auch im Garten des Laërtes durch: Es sind zunächst dieselben Früchte, die in beiden Gärten gedeihen[20]: Birnen, Äpfel, Feigen und natürlich die Weinreben, die auch im Garten des Laërtes durchgehend, das ganze Jahr über[21], reifen. Freilich ist der Garten des Alkinoos weit üppiger als der mühsam aufgebaute, aber gut gepflegte Garten des Laërtes.
Die Gärten der Odyssee stehen nicht isoliert für sich da als „schöne Orte" (loci amoeni), sondern sind eng verknüpft mit der Thematik und Komposition des gesamten Werkes. Ein zentrales Thema, wenn nicht das wichtigste, ist die Erhaltung und Wiederherstellung der Ehe und Familie, als deren Hohes Lied man die Odyssee auch lesen kann. Die Heroen Griechenlands sind ausgezogen, um die zerstörte Ehe des Menelaos wiederherzustellen, und der gewaltige und gefährliche Aufwand, den sie dazu bereit sind auf sich zu nehmen, zeigt die große Bedeutung, die sie der Ehe und Familie als Grundform der menschlichen Gemeinschaft beimessen.
Für Menelaos selbst haben die Kämpfe um Troja zum gewünschten Ziel geführt: Er kann seine Frau Helena wieder heimführen und mit ihr in seine Heimat Sparta zurückkehren, zwar auch nach langen Irrfahrten, aber beladen mit reichen Schätzen (4, 81ff). Als Telemachos ihn aufsucht, um nach dem Verbleib seines Vaters zu fragen, ist Menelaos dabei, seinem Sohn Megapenthes und seiner Tochter Hermione die Hochzeit auszurichten (4, 3ff). Und auch ein glückliches Lebensende ist ihm verheißen: Die Götter werden ihn in das Elysische Gefilde (Ἠλύσιον πεδίον) geleiten (4, 563f), welches mit den Inseln der Seligen gleichgesetzt wird. Es ist der Göttergarten, in dem auserwählte Heroen mit den Göttern zusammen in vollkommener Glückseligkeit ewig leben. Menelaos wird dieses Glück zuteil, weil er Helena zur Frau hat und somit ein Schwiegersohn des Zeus ist (4, 569). Die Verheißung des Proteus an Menelaos lautet vollständig in Übersetzung (4, 561 - 569):

---

[19] s. 24, 205 und 212: Stadt - Land
[20] vgl. 24, 340ff mit 7, 115ff !
[21] vgl. διατρύγιος (24, 342) mit ἐπετήσιος 7, 118 und 128!

„Dir ist es nicht bestimmt, Götterkind Menelaos, im rossenährenden Argos zu sterben, und dein Schicksal zu erfüllen, sondern die unsterblichen Götter werden dich in das Elysische Gefilde am Ende der Welt geleiten, wo der blonde Rhadamanthys herrscht und wo die Menschen ein vollkommen leichtes Leben haben. Kein Schneegestöber ist dort, und niemals starker Wintersturm und Regenguß, sondern stets läßt der Okeanos den sanft säuselnden Zephyros wehen, um die Menschen zu erfrischen. Denn du hast Helena zur Frau und bist den Göttern ein Schwiegersohn des Zeus."

Anders steht es mit der Heimkehr des Odysseus, dessen derzeitige Lage der prophetische Meergreis Proteus unmittelbar vorher dem Menelaos mitgeteilt hat (4, 555 - 560): Odysseus befindet sich im paradiesischen Göttergarten der Kalypso und könnte mit ihr ein unsterbliches Leben ohne Alter und Leid genießen. Aber es ist ein viel beweinter Zwangsaufenthalt, sein einziger Wunsch ist, in seine reale irdische Heimat, zu seinem Haus und seiner Familie zurückzukehren.

Die drei homerischen Gärten stehen an den entscheidenden Stellen der Heimkehr des Odysseus. Im Garten der Kalypso läuft er Gefahr, sein wahres Sein zu verlieren. Auf Betreiben seiner Beschützerin, der Göttin Athene, wird er davor bewahrt, gerät aber noch einmal in große Seenot, aus der er sich mühsam retten kann. Er findet sich wieder in einer paradiesisch schönen Welt am Hof der Phäaken. Über dem Garten des Alkinoos liegt der Segen der Götter und der Zauber der Goldenen Zeit. Aber auch hier kann er nicht bleiben, die Phäaken bringen ihn mit einem ihrer Zauberschiffe in seine Heimat zurück.

Anders als Menelaos kann er nicht einfach heimkehren und ein friedliches Alter im Kreis der Familie genießen. Er muß noch einmal kämpfen; erst nach mühsamem Kampf, der auch ein Strafgericht ist über die Bosheit seiner Widersacher, kann er die ihm zustehende Stellung im Palast sowie in der Ehe und Familie wieder einnehmen. Und dann geht er hinaus aufs Feld vor der Stadt, wo er den Garten des Laërtes weiß, um dort seinen alten Vater wiederzusehen. Dieser reale Garten, der keinem alten Mythos und keiner längst vergangenen Zeit angehört und der von dem alten Mann und seinen treuen Dienern in harter Arbeit bebaut und gepflegt wird, ist dem endlich, nach zwanzig Jahren heimgekehrten Odysseus ein Ort des langersehnten Friedens. Und nach der erschütternden Wiederbegegnung von Vater und Sohn gehen sie in das anliegende Haus, um zusammen mit Telemachos und den treuen Dienern mit einem Festmahl den neugewonnen Frieden zu feiern.

Danach steht noch die Versöhnung mit den Bewohnern von Ithaka aus, die beim Strafgericht durch Odysseus einen Angehörigen verloren haben. Dieser Frieden wird erreicht durch die Vermittlung der Göttin Athene. Zuallerletzt bleibt nach der Weisung des Sehers Teiresias (11, 121ff) noch die Aufgabe, den immer noch zürnenden Gott Poseidon gnädig zu stimmen. Zu dem Zweck muß Odysseus in ein fernes Land wandern, welches das Meer nicht kennt, um dort die Kenntnis und den Kult des Poseidon zu verbreiten, und nach seiner Rückkehr soll er allen Göttern der Reihe nach große Dankopfer darbringen.

So hat am Ende auch Odysseus seine Ehe vor der Zerstörung bewahrt und seine Familie wiederhergestellt, und er kann nun im Frieden leben mit den Menschen auf Ithaka und mit den Göttern.

In diesem Frieden kann er auch dem Tod entgegensehen, wie ihn derselbe Teiresias prophezeit hat (11, 134 - 137) und der so ganz anders ist als das Ende, welches dem Menelaos im Elysium verhießen ist. Auch seine Frau Penelope läßt Odysseus nicht in Unkenntnis dieser Prophezeiung, die er ihr in demselben Wortlaut mitteilt (23, 281 - 284), den Teiresias gebraucht hat.

„Der Tod aber wird an mich herantreten, nicht im Meer, ein recht sanfter Tod, der mich hinwegnimmt, wenn mich nach einem schönen Alter die Kräfte verlassen. Und in meiner Umgebung werde ich glückliche Menschen zurücklassen. Das alles, so sagte er, werde für mich in Erfüllung gehen."

So steht am Ende der Odyssee der Garten des Laërtes als ein Ort und ein Symbol des Friedens, eines Friedens, der dem Menschen nicht einfach durch ein Geschenk der Götter zufällt wie in den Gärten der Kalypso und des Alkinoos, sondern der unter vielen Gefahren und Mühen erkämpft und erarbeitet ist.

Gärten in der frühgriechischen Lyrik

1. Der heilige Hain der Aphrodite bei Sappho

Wie das Morgenrot leuchtet am Beginn des Tages der europäischen Lyrik die griechische Dichterin Sappho. Schön und rein sind ihre sprachlichen Kunstwerke, die – bis auf eines – in mehr oder weniger verstümmeltem Zustand auf uns gekommen sind, die aber dennoch oft ihre ursprüngliche Schönheit ahnen lassen. Darunter ist auch ein Lied, dessen räumliche Voraussetzung ein Garten ist. Es war im Altertum offensichtlich sehr beliebt, uns aber durch antike Schriftstellerzitate nur in zwei Strophen mit einigen Auslassungen bekannt, bis 1937 auf einer Tonscherbe aus dem 2. Jh. v. Chr. weitere Textstellen entdeckt wurden. Leider sind auch diese oft fehlerhaft geschrieben, so daß manches in dem Lied schwer lesbar oder gar unklar bleibt. Daher schreibe ich zunächst die Lesart des Textes auf, die mir die wahrscheinlichste zu sein scheint und von der meine Übersetzung und Interpretation ausgehen.[22]

…ὀρράνοθεν...
κατίοισα.
δεῦρύ μ᾽ ἐκ Κρήτας ἐπὶ τόνδε ναῦον
ἄγνον, ὄππα δὴ χάριεν μὲν ἄλσος
μαλίαν, βῶμοι δ᾽ ἔνι θυμιάμε=
νοι λιβανώτῳ.

ἐν δ᾽ ὕδωρ ψῦχρον κελάδει δι᾽ ὔσδων
μαλίνων, βρόδοισι δὲ παῖς ὁ χῶρος

---

[22] Die Grundlage für meine Lesung des Textes bilden die Ausgaben von M. Treu und D. A. Cambell:
M. Treu, Sappho. Lieder, griech. – dt. München ²1958
D. A. Campbell, Greek Lyric I, Loeb Classical Library 1982
Vor allem schätze ich die sorgfältige philologische Arbeit von M. Treu, der in den Jahren 1957/58 einer meiner Lehrer an der Universität in München war. Für die Interpretation ist sehr hilfreich die Arbeit von Marion Giebel: Sappho in Selbstzeugnissen und Bilddokumenten. Rowohlt, Bildmonographien, Hamburg 1980.

ἐσκίαστ᾽, αἰϑυσσομένων δὲ φύλλων
κῶμα κατέρρει.

ἐν δὲ λείμων ἱππόβοτος τέϑαλεν
ἠρίνοισιν ἄνϑεσιν, αἱ δ᾽ ἄηται
μέλλιχα πνέοισιν...

ἔλϑε δὴ σὺ στέμματ᾽ ἔλοισα, Κύπρι,
χρυσίαισιν ἐν κυλίκεσσιν ἄβρως
συμμεμείχμενον ϑαλίαισι νέκταρ
οἰνοχόαισον.

...Vom Himmel...
steig hernieder.

Komm her zu mir von Kreta zum heiligen
Tempel hier, wo von Apfelbäumen
ein lieblicher Hain steht, und Altäre darin,
von denen Weihrauch aufsteigt;

darin rieselt kühles Wasser durch die
Zweige der Apfelbäume, Rosen werfen Schatten
im ganzen Garten, und von den schaukelnden
Blättern senkt sich sanfter Schlummer.

Darin blüht auch eine rossenährende Wiese
mit Frühlingsblumen, süßen Duft
verbreitend im Winde...

Komm denn, Kypris, nimm das Kranz-
gebinde und fülle die goldenen Becher
mit Nektar, der fein gemischt ist
mit Festesfreude.

Dieses schöne Lied ist ein Hymnos an Aphrodite, in dem die Göttin von der Dichterin herbeigerufen wird zu einem Frühlingsfest. Wie das einzige vollständig erhaltene Gedicht der Sappho, welches am Anfang der alexandrinischen Ausgabe stand (1 D), ist auch das Lied 5/6 D ein sogenannter „kletischer Hymnos", ein „Einladungshymnos" an eine Gottheit. Auch den dreistufigen Aufbau haben beide Gedichte gemeinsam, nur daß der große Mittelteil in unserem Lied nicht eingenommen wird von einem Lobpreis der Göttin für einst gewährte Hilfe, sondern von einer liebevollen Beschreibung des heiligen Haines, in welchen die Göttin eingeladen wird zur Feier des Festes. Die Bitte um das Erscheinen der Göttin sowie die Teilnahme am Fest umrahmen die ausführliche Ortsbeschreibung.

Der Ort der erbetenen Epiphanie ist ein ἄλσος, ein heiliger Hain, ein schönes Stück Natur, welches ausschließlich der Verehrung einer Gottheit vorbehalten ist. Es ist aus dem profan genutzten Gelände herausgenommen, „herausgeschnitten", was das Wort τέμενος (templum) ursprünglich bedeutet, mit dem ἄλσος gelegentlich synonym gebraucht wird. Diesem Garten der Gottheit gibt die Dichterin das schmückende Beiwort χάριεν, voller Anmut, womit sie wohl auch anspielt auf die Chariten, die Töchter des Zeus, die im Gefolge der Aphrodite auftreten und Göttern und Menschen Anmut, Frohsinn und Festesfreude bringen. Das bedeuten ihre Namen Ἀγλαία (Aglaia), Εὐφροσύνη (Euphrosyne) und Θαλεία (Thaleia).
Auf Aphrodite deuten auch die Apfelbäume hin, aus denen der heilige Hain besteht. Der Apfel gehört seit jeher zu Aphrodite und ihrem Bereich, wodurch diese Frucht zu einem Symbol der Liebe und Fruchtbarkeit wurde. Nach uraltem Mythos schenkt Gaia, die Göttin der Erde, dem Zeus und der Hera zur Hochzeit goldene Äpfel, die im Garten der Götter von den Hesperiden bewahrt werden. Etwas schelmisch spielt Sappho mit dem Motiv des Apfels als Liebessymbol in dem Fragment 116 D, in dem sie eine unerreichbare Braut mit einem Apfel oben im Baum vergleicht:

>Wie der süße Apfel
>rot leuchtet hoch oben am Zweig,
>hoch in der äußersten Spitze,
>ihn vergaßen die Apfelpflücker,
>nein doch, vergaßen ihn nicht,
>sondern konnten ihn nicht erreichen.

Ob Sappho bei der Gestaltung ihres heiligen Haines aus Apfelbäumen auch an Quitten gedacht hat, die in besonderer Weise ein Symbol der Liebe und Fruchtbarkeit waren und geradezu als „Äpfel der Aphrodite" bezeichnet wurden, läßt sich natürlich auf Grund des Wortlauts nicht einfach behaupten. Vielleicht aber dürfen wir einen leisen Hinweis darauf in der etwas merkwürdigen Angabe sehen, daß die Dichterin die Göttin aus Kreta herbeiruft, und nicht etwa von ihrer Lieblingsinsel Kypros, etwa aus Paphos. Nun heißt aber die Quitte, die auf Kreta besonders kultiviert wurde, Κυδώνιον μῆλον, kydonischer Apfel, und Kydonia war eine Stadt an der Nordküste Kretas.

Der tiefere Grund dafür, Aphrodite nicht aus Zypern oder einem anderen ihrer Lieblingsplätze, etwa Kythera, kommen zu lassen, könnte sein, daß nicht nur an ihren primären Bereich, Schönheit und Liebe, gedacht ist, sondern auch an die Fruchtbarkeit. Diese beiden Aspekte der Aphrodite wurden in der Antike mitunter als eng zusammengehörig angesehen, besonders auf Kreta, welches schon in der minoischen Zeit den orientalischen Einflüssen des Kultes der Fruchtbarkeitsgöttin Astarte - Aphrodite offenstand. Zahlreiche bildliche Darstellungen bezeugen die weit verbreitete Verehrung dieser Göttin auf dem minoischen Kreta, besonders schön zwei Goldringe, die gegen Ende der Neuen Palastzeit zu datieren sind.[23] Beide Ringe zeigen die Epiphanie der Göttin. Auf Flehen der Priesterinnen, welches an ihrem Gebetsgestus zu erkennen ist, erscheint sie, auf einem der Ringe in einem „Blumen - Temenos", auf dem anderen zwischen zwei Baumgehegen, um mit segnender Gebärde der gesamten vegetativen und animalischen Natur Gedeihen und Fruchtbarkeit zu verleihen.[24]

Auf Kreta weisen wohl auch im Lied der Sappho die Wiese und die Frühlingsblumen in der 3. Strophe hin. Denn besonders auf dieser Insel wurde Aphrodite als „Antheia" verehrt, als Blumengöttin, und Kreterinnen sind es, die in einem anderen Lied der Dichterin (93 D) um einen Altar auf einer weichen Blumenwiese einen Reigen tanzen. Von Kreta aus hat sich „der Kult der Aphrodite als Göttin der blühenden Vegetation … in ganz Griechenland verbreitet."[25]

Auf einer Blumenwiese findet nach Homer (Il. 14, 346ff) auch der ἱερὸς γάμος, die Heilige Hochzeit, des Zeus und der Hera statt, welcher Aphrodite alle Reize und Mittel der Verführung verleiht (14, 214ff). Und Hesiod weiß von einer anderen Liebesvereinigung zu erzählen (Theogonie 278f), der Vermählung des Po-

---

[23] Goldring von Isopata und ein Goldring von unbekannter Herkunft, beide aufbewahrt im AMI und abgebildet in N. Platon, Kreta. Archaeologia Mundi, Genf 1968. Bild – Nr. 115 u. 114.
[24] Eine eingehende Interpretetion beider Bilder steht in meiner Arbeit „Das Stierfresko von Knossos", Brilon – Alme 1995
[25] Marion Giebel, Sappho. Rowohlt 1980, S. 70

seidon mit der Medusa: „Zu ihr legte sich Poseidon auf einer weichen Wiese mit Frühlingsblumen" (ἐν μαλακῷ λειμῶνι καὶ ἄνθεσι εἰαρινοῖσιν). Sogar der Garten der Kalypso hat dieses Motiv der weichen Blumenwiesen (Hom. Od. 5, 72f), obwohl die Göttin allein lebt. Aber wir haben gesehen[26]; daß in der homerischen Gestaltung des Göttergartens der Kalypso Erinnerungen vorliegen an die Szenerie des ἱερὸς γάμος des Zeus und der Hera.

Die Wiese, die zu dem ἄλσος, dem Götterhain, gehört, ist bei Sappho durch das schmückende Beiwort ἱππόβοτος (rossenährend) ausgezeichnet. Sie gedeiht also so üppig, daß auf ihr Pferde weiden könnten; und ihr reiches Grünen und Blühen der Frühlingsblumen ist durch das Verb θάλλω (im Perfekt) ausgedrückt, welches bedeutet: blühen, grünen, sprießen, strotzen von, gedeihen, reichlich und im Überfluß vorhanden sein. Es ist stammverwandt mit dem Substantiv θαλία, welches Sappho in der 4. Strohe gebraucht für das Fest und die Festesfreude. Auch hier ist es dem tieferen Verständnis förderlich, einen Blick auf den vollen Bedeutungsumfang des Wortes zu werfen: blühendes Glück, Lebensfreude, festliches Gastmahl und Gelage. Und es sei daran erinnert, daß eine der Chariten Thaleia heißt (S. 32). Sie wurde im ländlichen Bereich auch als eine Göttin verehrt, die Samen und Pflanzen zum Wachstum und zur Blüte brachte (Plutarch, Moralia 744 F).

Die Fruchtbarkeit der Vegetation, der Bäume und der Wiese im heiligen Hain wird gewährleistet durch das lebenspendende Wasser. „Kühles Wasser rauscht durch die Zweige der Apfelbäume" (Strophe 2). Auch hier ist die Beziehung zu Aphrodite nicht zu übersehen: Das Wasser ist das Element, aus dem die Göttin der Sage nach hervorgegangen ist. Überdies ist das Wasser in verschiedenen Formen ein fester Topos bei der Beschreibung der Gärten. Ob wie hier im Lied der Sappho als befruchtender Regen, ob in den Paradiesesströmen oder in den Quellen der homerischen Gärten der Kalypso oder des Alkinoos: Immer wieder ist es das Wasser, welches die Fruchtbarkeit und das Wachstum der Gärten ermöglicht. Sogar in der Szenerie des ἱερὸς γάμος (der Heiligen Hochzeit) des Zeus und der Hera (Hom. Il. 14, 346ff) auf einer üppig blühenden Blumenwiese darf das Wasser nicht fehlen, indem aus der schönen, goldenen Wolke glänzende Tautropfen herniederfallen (V. 350f).

---

[26] Der Garten der Kalypso, S. 14

Sehr schön sind all diese Motive von der Fruchtbarkeit der Natur ausgedrückt in einem Fragment aus den Danaïden des Aischylos (Nr. 44 in der Oxford-Ausgabe von G. Murray). Darin läßt der Dichter die Göttin Aphrodite sagen:

> Es sehnt sich der heilige Himmel, in die Erde einzudringen, und Liebessehnsucht ergreift die Erde, sich ihm hinzugeben. Regen, vom strömenden Himmel fallend, schwängert die Erde; und sie gebiert den Sterblichen Futter für die Herden und Getreide, der Demeter Frucht. Der Bäume Blüte kommt durch die befruchtende Hochzeit zur Reife. –
> All das bewirke ich.

Ein milder Frühlingswind weht über die Wiese und trägt den Duft der Blumen durch den Hain. Vielleicht dürfen wir darin eine leise Andeutung des Zephyros sehen, der in der Goldenen Zeit unablässig weht und beständiges Wachstum und Reifen bewirkt. So ist es von Homer im Garten des Alkinoos dargestellt (Od. 7, 118ff).

Im Garten der Aphrodite darf die Rose nicht fehlen; sie ist in besonderer Weise die Blume der Schönheits- und Liebesgöttin. Sie scheint erst in homerischer Zeit aus dem Orient nach Griechenland gekommen zu sein. Jedenfalls kommt sie in den homerischen Gedichten in Zusammensetzungen vor: In der Illias (23, 185f) salbt Aphrodite den Leichnam Hektors „mit göttlichem Rosenöl" (ῥοδόεντι δὲ χρῖεν ἐλαίῳ ἀμβροσίῳ). Und wer kennt nicht die berühmte „rosenfingrige Morgenröte" (ῥοδοδάκτυλος Ἠώς) in der Illias und Odyssee (zum Beispiel Il. 6, 175 und Od. 2, 1)? Das Substantiv τὸ ῥόδον (die Rose) begegnet zuerst am Anfang des homerischen Demeterhymnos (V. 6f), wo der Raub der Proserpina, der Tochter der Demeter, durch Hades geschildert wird. Das Mädchen spielt auf einer „weichen Wiese" (λειμῶν᾽ ἂμ μαλακὸν) zusammen mit den Töchtern des Okeanos und „pflückt Blumen: Rosen, Safran und schöne Veilchen…" (ἄνθεά τ᾽αἰνυμένην ῥόδα καὶ κρόκον ἠδ᾽ ἴα καλὰ...).

Sappho scheint die Rose besonders geliebt zu haben. In einem Vers (Frg. 57 D), der wohl ein Liedanfang ist, ruft sie die Chariten herbei, die „heiligen Mädchen des Zeus", und nennt sie ῥοδοπάχεες (rosenarmig). Und gleich im folgenden Fragment (58 D) sind ihr die „Rosen aus Pierien", d.h. die Rosen der Musen vom Olymp, ein Sinnbild für die göttlich-schöne Welt der Dichtkunst; an welcher der amusische Mensch keinen Anteil hat (οὐ γὰρ πεδέχης βρόδων τῶν ἐκ Πιερίας). Noch Meleagros, der späte Sammler und Verfasser von Epigrammen (gegen Ende des 1. Jh. v. Chr.) ordnet im Einleitungsgedicht seines „Stephanos" (Kranz), in welchem er jeden der vielen aufgeführten Dichter mit einer Blume vergleicht, den Gedichten der Sappho die Rosen zu[27]: καὶ Σαπφοῦς βαιὰ μέν, ἀλλὰ ῥόδα (und von der Sappho zwar wenige, aber es sind Rosen).

Die Rosen im Lied der Sappho, wohl hochstämmige oder an Bögen und Gittern hochrankende Blumen, spenden Schatten im ganzen Garten und machen ihn so zu einem angenehmen Aufenthaltsort der Aphrodite, ebenso wie der erquickende Schlummer, der sich von den schaukelnden Blättern der Apfelbäume herabsenkt. Auch in der Ilias (14, 286ff) lauert der Schlaf (ὕπνος), versteckt in den Zweigen eines hohen Baumes, dem Zeus auf, bevor er von dort aus den Göttervater überkommt. An unserer Stelle ist wohl gemeint, daß eine tiefe, friedliche Ruhe über dem Hain liegt, in welchem die Epiphanie der Göttin erwartet wird. Das von Sappho dafür gebrauchte Wort ist κῶμα. Während ὕπνος den normalen Schlaf bezeichnet, ist κῶμα immer der außergewöhnliche Schlaf, der besonders tiefe, erholsame oder erfrischende Schlaf, manchmal sogar die Bewußtlosigkeit oder Ohnmacht. Eine kurze Übersicht der wichtigsten Stellen:
Homer, Ilias 14, 359: Hypnos, der personifizierte „normale" Schlaf, bringt Poseidon die Nachricht, daß Zeus nach der Liebesvereinigung mit Hera in angenehmen, tiefen Schlaf versunken ist (μαλακὸν περὶ κῶμα καλύψα).
Homer, Odyssee 18, 201: Athene läßt Penelope in tiefen Schlaf versinken, um sie danach noch schöner als sonst erscheinen zu lassen und ihre erotische Ausstrahlung noch zu erhöhen. Penelope selbst empfindet diesen Schlaf als κῶμα: μαλακὸν περὶ κῶμ᾽ ἐκάλυψεν.
Bemerkenswert ist, daß an beiden Stellen der gleiche Wortlaut vorliegt und Aphrodite nicht unbeteiligt ist an beiden Szenen.
Der Sprachgebrauch nach Homer und Sappho erweist teils denselben Bedeutungsinhalt von κῶμα, teils aber auch die oben erwähnte Ausweitung. So finden wir bei dem hellenistischen Epiker Apollonios von Rhodos in seinem Werk „Argonautika" folgende Stellen:
3, 748: Manche Mutter, deren Kinder gestorben waren, umfing tiefer Schlaf.
  ἀδινὸν περὶ κῶμ᾽ ἐκάλυπτεν.

---

[27] Anthologia Palatina IV 1,6

4, 1524: Mopsos, der Seher der Argonauten, fällt nach einem Schlangenbiß in gliederlösende Bewußtlosigkeit, bevor er stirbt. ὑπὸ χροΐ δύετο κῶμα λυσιμελές.

2, 205: Der halbverhungerte Phineus fällt beim Erscheinen der Argonauten in tiefe Ohnmacht. ἀβληχρῷ ἐπὶ κώματι κέκλιτ᾽ ἄναυδος.

In einem Epigramm der Anthologia Palatina (V 237, 4) hat κῶμα wieder die ursprüngliche Bedeutung. Nach durchwachter Nacht verhindern die zwitschernden Schwalben, daß noch erquickender Schlaf kommt. γλυκερὸν κῶμα παρωσάμενοι.

Das Besondere im Lied der Sappho ist nun, daß nicht im Zusammenhang mit Personen vom tiefen Schlaf gesprochen wird, sondern daß dieser über der Natur des Gartens liegt, daß eine tiefe Ruhe und erquickende Entspannung die Atmosphäre des heiligen Hains ausmacht, in dem Aphrodite erscheinen soll.

Aber es sind nicht nur die Schönheiten und Annehmlichkeiten der Natur des lieblichen Haines, mit welchen Sappho die Göttin einlädt; zuallererst nennt sie den „heiligen Tempel" (ναῦον ἄγνον). ναῦος dürfte wohl die äolische Form für das ionische und epische νηός und ναός sein, welches die Götterwohnung, den Tempel bezeichnet. Dazu ist das Adjektiv ἁγνός als schmückendes Beiwort gesetzt; es ist etymologisch verwandt mit ἅζομαι: „Scheu haben, hoch verehren" und bedeutet also: „verehrungswürdig, heilig, rein". Es gehört vor allem der frühen dichterischen Sprache an und wird später, seit Herodot, auch durch ἅγιος vertreten. Die Dichter ehren Götter, Menschen und gottgeweihte Dinge mit diesem Beiwort. So nennt Homer in der Odyssee dreimal (5, 123; 18, 202 und 20, 71) die Ἄρτεμις ἁγνή, einmal auch (11, 386) die Persephone. Im homerischen Hymnos auf Hermes (187) wird ein „lieblicher heiliger Hain" des Poseidon genannt (πολυήρατον ἄλσος ἁγνόν), und Pindar spricht (Pyth. 4, 204) von einem „heiligen Bezirk des Poseidon" (ἁγνὸν Ποσειδάωνος τέμενος).

Zu diesem heiligen Tempel gehören Rauchopferaltäre, die nach griechischer Gepflogenheit außerhalb des Tempelgebäudes stehen, da ja der ναός ausschließlich dem Gott als Wohnung vorbehalten ist und die Menschen Gebete und Opfer draußen vor dem Tempel verrichten. Ist an sich schon der Altar, zumal in der Tisch- oder Thronform, eine konkrete Einladung des Numens zur Epiphanie[28] und zur Entgegennahme des Opfers, so wird hier im besonderen eine Beziehung zu Aph-

---

[28] H. Schrade, Götter und Menschen Homers. In: Der Kleine Pauly. Bd. 1, Sp. 280

rodite hergestellt durch das Wohlgeruchsopfer des Weihrauchs. Denn dieser „war das bevorzugte Opfer für die Göttin an vielen griechischen Kultstätten".[29] Auch scheint der Weihrauch (λιβανωτός, λίβανος) bei den Hochzeitszeremonien eine Rolle gespielt zu haben, wie das Fragment 55 b D, 10 der Sappho selbst bezeugt. Welch bedeutende Rolle der Weihrauch im Kult der Aphrodite gespielt hat, wird auch an einer Stelle des homerischen Hymnos auf Aphrodite deutlich. Die Göttin hat sich in Anchises verliebt und begibt sich zur Vorbereitung einer Begegnung zu ihrer Lieblingsstätte Paphos auf Zypern. Dort kehrt sie ein in ihrem „weihrauchduftenden Tempel" (ϑυώδεα νηὸν ἔδυνεν); und gleich anschließend heißt es: „Dort hatte sie einen weihrauchduftenden Bezirk und Altar" (ἔνϑα δέ οἱ τέμενος βωμός τε ϑυώδης). Ihre Gefährtinnen, die Chariten, baden sie und salben sie mit ambrosischem, nach Weihrauch duftendem Öl (τεϑυωμένον), bevor sie dann das „lieblich duftende Zypern" (εὐώδεα Κύπρον) in Richtung Troja zu Anchises verläßt (V. 58 - 66).

In diesem heiligen Hain also, der in seiner natürlichen Schönheit würdig ist der Schönhheitsgöttin Aphrodite und in dem fromme Menschen ihr einen Tempel und Weihrauchaltäre errichtet haben, bittet die Dichterin die Göttin zu erscheinen. In der Form der Ringkomposition greift sie die Einladung vom Anfang in der Schlußstrophe noch einmal auf: „Komm denn, Kypris ..." Die Göttin soll einen Kranz oder eine Kopfbinde (στέμμα) aufsetzen, wohl als ein Zeichen dafür, daß sie wie eine Priesterin die Durchführung der Feier übernimmt. Denn bei Kulthandlungen trugen die Priester solche στέμματα, Kopfbinden aus Blumen oder Gold. Vielleicht auch sollte sie nur wie die anderen Teilnehmerinnen am Fest mit Blumen bekränzt sein, wie es bei vielen Symposien und Kultfeiern üblich war. Die Göttin soll aber nicht nur in Menschengestalt erscheinen und sich verehren lassen, sondern auch mit den Mädchen und Frauen feiern. Die Bitte der Dichterin geht sogar so weit, daß Kypris die Aufgabe des Mundschenks übernehmen soll, wobei sie nicht einfach Wein ausschenkt, sondern Nektar, das Getränk der Götter.
Die Vorstellung von einem göttlichen Mundschenk ist im griechischen Mythos nichts Ungewöhnliches. Sappho selbst sagt in einem anderen Lied (98D26f): „Aphrodite schenkte Nektar ein aus goldenem Krug". Und im Fragment 135/136 D ist es Hermes, der wohl bei der Hochzeit der Thetis Ambrosia und Nektar an die Gäste verteilt: „Ambrosia war da gemischt im Mischkrug, die Kanne trug Hermes

---

[29] E. Simon, Die Götter der Griechen. Darmstadt 1985, S. 239

und goß ein das himmlische Getränk den Göttern." Bei Homer in der Illias (4, 2f) ist es Hebe, die an der olympischen Göttertafel den Nektar kredenzt, bis später Ganymedes diese Aufgabe übernimmt (μετὰ δέ σφισι πότνια Ἥβη νέκταρ ἐῳνοχόει). In einer außergewöhnlichen Szene der Ilias sehen wir den sonst so kunstfertigen, für dieses Amt aber wahrlich ungeeigneten, hinkenden und plumpen Schmiedegott Hephaistos in die Rolle eines Mundschenks schlüpfen. Zeus und Hera haben sich beim Göttermahl heftig zerstritten, so daß die Stimmung aller versammelten Götter auf den Nullpunkt zu sinken droht. Da versucht Hephaistos, im Bewußtsein der komischen Wirkung, die er erzielen wird, die Situation zu retten, indem er reihum den Göttern Nektar einschenkt, was gewöhnlich die Aufgabe junger, schöner und eleganter Diener oder Dienerinnen war, wie bei den Göttern eben des Ganymedes oder der Hebe. So führt denn auch der eifrige Dienst des Hephaistos zu dem berühmten „Homerischen Gelächter": „Aber er schenkte allen anderen Göttern – der Reihe nach rechtsherum – süßen Nektar ein, aus dem Mischkrug schöpfend. Unauslöschliches Gelächter erhoben da die seligen Götter, als sie Hephaistos durch den Festsaal schnaufen sahen" (Il. 1, 597 - 600).

Ganz anders ist selbstverständlich die Atmosphäre und Stimmung, wenn Sappho die Göttin darum bittet, auf ihrem Fest Nektar einzuschenken. Nicht lautes, schallendes Gelächter ist angebracht, sondern eher stille Festesfreude (ϑαλία). Das erbetene Tun der Aphrodite ist gekennzeichnet durch das Adverb ἁβρῶς, welches bedeutet: fein, zart, schön; das Wort wird besonders von weiblicher Zartheit und Anmut gebraucht. Athenaios (15, 687) schreibt die ἁβροσύνη der Dichtung und Welt der Sappho zu. Diese feine und zarte Schönheit wird ja auch von den Chariten, den Begleiterinnen der Aphrodite, verkörpert und strahlt aus dem ganzen Lied. Die Lieblichkeit der umgebenden Natur entspricht wunderbar der innigen Freude des erwarteten Festes, welchem Aphrodite durch ihr Erscheinen und Mitfeiern göttlichen Glanz verleiht.
So ist der heilige Hain, den wir auch als Göttergarten verstehen dürfen – ist doch Aphrodite auch als „Göttin in den Gärten" verehrt worden (Pausanias I 19, 2) – ein Ort des Friedens und der Harmonie, ein Ort der Verbundenheit des Menschen mit der Natur und der Gottheit, die ihm festliche Lebensfreude gewährt.

Ob es in der archaischen Zeit tatsächlich einen Aphroditetempel mit Altären in einem heiligen Hain auf Lesbos gegeben hat, ist archäologisch nicht erwiesen. Immerhin will Karl Kerényi im Jahre 1935 Gebäudereste auf der Insel gesehen ha-

ben, die seiner Meinung nach auf den Aphroditekult hinweisen.[30] „…dass die Tempelruine da drüben bei Messa, im niederen Kiefernwald, der Aphrodite gehörte." Und in der Gegend von Pyrrha schreibt er Ruinen der „großen Liebesgöttin" zu: „Zwei archaische Tempel äolischen Stils wurden nicht weit von hier ausgegraben. Man zeigt mir das ‚Kloster der Wiese', in dessen Gebiet sie liegen."
Aber diese Frage ist für das Lied der Sappho völlig irrelevant; ihr Tempel ist einfach eine poëtische Realität. Wichtiger ist es, nach vergleichbaren literarischen Darstellungen eines heiligen Haines Ausschau zu halten, besonders bei Homer. Daß Aphrodite in Paphos auf Zypern einen heiligen Bezirk mit Tempel und Altar besitzt, hat uns schon der homerische Hymnos auf Aphrodite gezeigt (V. 58ff), als wir nach der Bedeutung des Weihrauchs im Kult der Göttin fragten (S. 37f). Zwar wird an dieser Stelle die umgebende Natur nur eben angedeutet mit dem Wort τέμενος (heiliger Bezirk), auch die Bauwerke, Tempel (νηός) und Altar (βωμός), wurden nur mit dem Beiwort θυώδης versehen, weil es hier nicht um einen längeren Aufenthalt oder gar um die Teilnahme an einem Fest geht, sondern um die Vorbereitung der Begegnung mit Anchises, wobei ihr die Chariten behilflich sind.
In der Odyssee hat die Göttin Athene einen „herrlichen Hain" (ἀγλαὸν ἄλσος) auf dem königlichen Landgut des Alkinoos, in Rufweite von der Stadt. Dort soll Odysseus auf Anweisung der Nausikaa warten, bis sie selbst den Palast ihres Vaters erreicht hat, und dann nachkommen. Ihre Beschreibung lautet:

„Du wirst einen herrlichen Hain der Athene finden, nahe am Weg, von Pappeln. Darin fließt eine Quelle, ringsum ist eine Wiese. Und dort ist das Landgut meines Vaters und ein blühender Garten" (6, 291 - 293).

Angekommen am „herrlichen Hain der Athene" (6, 321f), richtet Odysseus sofort ein Gebet an seine göttliche Schutzpatronin.
Auch hier finden wir die wichtigsten Elemente eines „heiligen Hains" (ἄλσος): Bäume, in diesem Fall Pappeln (αἴγειροι), das lebenspendende Wasser in Form einer Quelle (κρήνη), eine Wiese (λειμών) und einen blühenden Garten (τεθαλυῖα ἀλωή). Ein Heiligtum der Athene dürfen wir annehmen, auch wenn ἱρὸν als Adjektiv zu κλυτὸν ἄλσος gehören sollte.
Der Garten der Kalypso dagegen ist ein reines Naturparadies (Od. 5, 63 - 77), weil ja Menschen, die Tempel und Altar errichten könnten, nicht mit ihr verkehren auf

---

[30] Karl Kerényi, Auf den Spuren des Mythos. München – Wien, 1967; S. 36f

ihrer entlegenen Insel (vgl. S. 16). Aber auch hier haben wir die gleichen Hauptmerkmale des Göttergartens festgestellt: Die Bäume, die Quellen und die Wiesen. Ebenso haben die Nymphen vor der Heimatstadt des Odysseus einen Pappelhain mit einem Brunnen, in den von einem Felsen herab frisches Wasser rinnt, und mit einem Altar, auf dem alle, die des Weges kommen, den Nymphen opfern (Od. 17, 204 ff).

Zum Schluß werfen wir nun doch noch einen Blick auf ein Heiligtum, welches real vorhanden gewesen ist und sich gut vergleichen läßt mit dem heiligen Hain im Liede der Sappho. Es ist das Heiligtum, welches Xenophon der Artemis auf seinem Landgut bei Skillus eingerichtet und in seiner Anabasis liebevoll beschrieben hat (V 3, 7 - 13). Er hat das Gelände gekauft, um es der Artemis zu weihen. Ein Bach fließt hindurch, eine Wiese und baumbestandene Berge befinden sich darin. Den Mittelpunkt bilden ein Tempel und Altar der Artemis, umgeben von einem heiligen Hain aus Obst- und anderen Fruchtbäumen (ἄλσος ἡμέρων δένδρων). Im Tempel hat Xenophon eine Artemisstatue aus Zypressenholz aufgestellt, welche dem berühmten goldenen Götterbild in Ephesos nachgebildet ist. Alljährlich findet ein großes Opferfest zu Ehren der Artemis statt, an dem nicht nur die Familie des Xenophon teilnimmt, sondern zu dem auch die Bewohner von Skillus und alle Nachbarn, Männer und Frauen, eingeladen sind. Das Gelände ist groß genug, daß die Zugtiere der Besucher, Pferde und Stiere, darin weiden können und man sogar eine große Jagd auf Wildschweine, Rehe und Hirsche darin und in den benachbarten Bergen veranstalten kann. Wie bei Sappho Aphrodite selbst Nektar einschenken soll, so bietet hier Artemis den Festgästen, die in Zelten feiern, Speise und Trank: Gersten- und Weizenbrot, Wein und Fleisch von den Opfertieren und aus der Jagdbeute. Das also ist der heilige Hain, in dem Xenophon die Jagdgöttin fromm verehrt und ihr ein großes Fest feiert.

Skillus liegt nicht weit von Olympia in der Landschaft Elis. Vielleicht kann noch der heutige Reisende etwas ahnen von der Atmosphäre eines antiken heiligen Haines, wenn er die Altis von Olympia betritt. Ἄλτις hieß der dem Zeus geweihte Hain in Olympia, und dieses Wort ist die eleïsche Form für ἄλσος. Vielleicht gelingt es dem Besucher, aus den Ruinen den Zeustempel oder den Heratempel wieder vor seinem geistigen Auge erstehen zu lassen inmitten der baumbestanden Hügel am Kladeos und Alpheios.

2. Der Garten der Nymphen bei Ibykos

In den Zeiten, als echte Bildung bei uns noch in hohem Ansehen stand, kannte fast jeder den Namen des frühgriechischen Dichters Ibykos, meistens aus Schillers Ballade „Die Kraniche des Ibykus", aus der oft die Verse zitiert wurden: „Sieh da, sieh da, Timotheus, Die Kraniche des Ibykus!" Wohl weit weniger bekannt dürfte die Tatsache gewesen sein, daß die Legende von den Kranichen als den Rächern an den Mördern des Ibykos vor allem bei Plutarch (De garrulitate 14; 509 E - F) überliefert ist, der allerdings mehr die Geschwätzigkeit (γλωσσαλγία) der Mörder als die Ursache für die Aufdeckung des Mordes herausstellt.

Ibykos lebte ein bis zwei Generationen später als Sappho im 6. Jh. v. Chr. und stammte aus Rhegion in Unteritalien, wanderte dann aber aus und weilte lange am Hof des Polykrates auf Samos. Von Sappho unterscheidet er sich nicht nur durch seinen dorischen Dialekt und als Chorlyriker, sondern auch durch die mitunter barocke Fülle des Ausdrucks, die zur Schlichtheit Sapphos in Kontrast steht.

Hier nun der Text des Liedes[31] und meine Übersetzung:

Ἦρι μὲν αἵ τε Κυδώνιαι
μαλίδες ἀρδόμεναι ῥοᾶν
ἐκ ποτάμων ἵνα Παρθένων
κᾶπος ἀκήρατος, αἵ τ' οἰνανθίδες
αὐξόμεναι σκιέροισιν ὑφ' ἔρνεσιν
οἰναρέοις θαλέθοισιν· ἐμοὶ δ' Ἔρος
οὐδεμίαν κατάκοιτος ὥραν,
ἀλλ' ἅθ' ὑπὸ στεροπᾶς φλέγων
Θρηΐκιος Βορέας ἀΐσσων
παρὰ Κύπριδος ἀζαλέαις μανίαισιν
    ἐρεμνὸς ἀθαμβὴς
ἐγκρατέως πέδοθεν σαλάσσει
ἁμετέρας φρένας.

---

[31] nach der Ausgabe von Edmonds in der Loeb Classical Library, Lyra Graeca II

a) Im Frühling blühen die Kydonischen Apfelbäume,
   getränkt vom Wasser der Flüsse,
   wo der jungfräulichen Nymphen
   unberührter Garten (grünt),
   und es sprießen die Knospen der Weinrebe,
   wachsend unter den schattigen Weinranken.
b) Mir aber kommt Eros zu keiner Zeit zur Ruhe.
c) Vielmehr wie der Thrakische Boreas,
   mit dem Blitz Feuer entfachend,
   stürmt er heran von Kypris (Aphrodite) her
   und schüttelt mit ausdörrendem Wahnsinn,
   dunkel, ohne Scheu (schonungslos), herrisch,
   von Grund auf mein Herz.

Der Aufbau des Liedes ist dreigliedrig und antithetisch: Am Anfang (a) steht das schöne Naturbild des Nymphengartens, in dem zur Frühlingszeit die Apfelbäume blühen und die Weinreben ihre Knospen treiben.
Ihm gegenüber steht die kurze, zentrale Aussage des Dichters, daß Eros ihn zu keiner Zeit in Ruhe läßt (b), sondern ihn wie der gewaltige Nordsturm schonungslos zutiefst erschüttert (c).

Im Bild des Gartens ist das frische und zarte Frühlingserwachen der Natur gemalt. Die Apfelbäume blühen, getränkt (ἀρδόμεναι) vom lebenspendenden Wasser; der Nymphengarten im ganzen ist unberührt, rein (ἀκήρατος); die Knospen der Weinreben können sich jungendfrisch entfalten (αὐξόμεναι), im Schatten der Weinranken geschützt vor zu prallem Sonnenschein.
Die Nymphen selbst sind im Mythos und Kult vor allem mit dem frischen Wasser, besonders der Quellen verbunden. Sie tragen dann den Namen Ναϊάδες (Najaden), d.h. Fluß- oder Quellnymphen. Sie spenden Wasser, auch Regen und werden in der freien Natur verehrt, vor allem an Quellen und in Hainen, aber auch in Gärten, so daß sie mitunter den Namen Κηπίδες, Gartenfeen, bekommen. In der Verehrung sind sie mit einfachen Altären und Standbildern zufrieden, als Opfer sind ihnen Blumen und Früchte lieb.

Der Nymphengarten des Ibykos ist in ein paar Motiven mit dem Garten der Aphrodite bei Sappho verwandt. Die Apfelbäume sind nicht beliebige, sondern

Κυδώνιαι μαλίδες, Quittenbäume, deren Früchte ja in besonderer Weise der Aphrodite zugesprochen sind. Das lebenspendende und erfrischende Wasser, die Frühlingsblumen, der vor grellem Sonnenlicht schützende Schatten, das Aufblühen der Bäume oder Blumen, das mit dem Verb θαλέθω ~ θάλλω ausgedrückt ist: Das alles sind gemeinsame Motive.

Aber der Nymphengarten wird bei Ibykos nicht als ein schönes Naturbild um seiner selbst willen beschrieben, auch nicht wie bei Sappho als ein schöner Ort für die Epiphanie einer Gottheit, sondern er hat funktionale Bedeutung im Gedankenablauf des Gedichtes, er steht im Gegensatz zu der zentralen Aussage des Dichters, daß ihm Eros zu keiner Zeit Ruhe läßt (ἐμοὶ δὲ). Dieser Gegensatz ist vom Wortlaut her nicht zu erwarten, ist paradox, da vom Eros im Naturbild (a) direkt keine Rede ist. Genaugenommen wird die unablässige Liebesqual dem Frühling gegenübergestellt (Ἦρι μὲν ... ἐμοὶ δὲ...), der in dem Naturbild des zart aufblühenden Nymphengartens entfaltet wird. Es handelt sich also um eine Metapher: Der Nymphengarten im Frühling bedeutet die zarte, frische und reine jugendliche Liebe, die aber bei aller Schönheit und nach dem Zauber des Anfangs einmal zu Ende geht. Dagegen erfährt der wohl älter gewordene Dichter den Eros als eine ihn gefährdende und erschütternde Macht, die ihm keine Ruhe läßt. Nicht die Vollendung des frühlingshaften Aufblühens wird ihm zuteil, sondern er leidet unter den Qualen, die von Aphrodite her ihm wie der stürmische Nordwind hart zusetzen.
Die Verbindung „Frühling und Liebe" – bei Ibykos natürlich in einer ganz anderen Gefühls- und Gedankenwelt als bei Eichendorff – wird nicht offen ausgesprochen, läßt sich aber sicher erschließen, nicht nur aus der Antithese „im Frühling blühen die Quittenbäume… mir aber läßt Eros niemals Ruhe…", sondern auch aus dem alten Liebessymbol der kydonischen Äpfel. Wenn so auf Aphrodite angespielt wird, darf man annehmen, daß auch der Gott Dionysos in den ersten Versen (a) gegenwärtig ist, ohne ausdrücklich genannt zu werden. Er ist bekanntlich der Gott des Weines, aber auch der gesamten Vegetation, der Garant der Fruchtbarkeit und des Wiederauflebens der Natur im Frühling. Zu seinen Ehren wurden u. a. die Anthesterien gefeiert, das Fest seiner Epiphanie im Frühling. Die Anspielungen auf ihn im Gedicht des Ibykos sind mannigfaltig, besonders deutlich im zweifachen Gebrauch des Worts οἶνος (Wein). Das Wort οἰνανθίδες (V. 4) ist zusammengesetzt aus οἶνος und ἄνθος (Blume, Blüte), also wörtlich: Weinblüten. ἄνθος liegt ja auch dem Wort Anthesterien zugrunde, was demnach ursprünglich bedeutet: Blütenfest (zu Ehren des Dionysos im Frühling). Der zweite Ausdruck, welcher

auf Dionysos als Gott des Weines hinweist, ist ἔρνη οἰνάρεα (V. 5/6): Weinranken. Zu diesem ganzen Komplex des Grünens und Blühens, des Wiederauflebens der Natur im Frühling, paßt sehr gut das Verb θαλέθω (=θάλλω), was ursprünglich „blühen, grünen, sprießen" bedeutet und uns auch schon bei Sappho und Homer begegnet ist. Ferner kann auch der Nymphengarten selbst ein Hinweis auf Dionysos sein. Denn die Nymphen als einfache Naturgottheiten wurden gern als Begleiterinnen des Dionysos angesehen, und schon bald nach der Geburt des Gottes spielten sie dem Mythos nach eine wichtige Rolle: Hermes anvertraute den neugeborenen Knaben ihrer Obhut.

So haben wir im ersten Teil des Liedes das schöne Bild eines Gartens, der den Nymphen geweiht ist und in dem die Apfelbäume und Weinreben im Frühling aufblühen. Aphrodite und Dionysos sind in ihm gegenwärtig. Er ist somit ein Sinnbild der jugendfrischen Liebe und Lebensfreude.

Dem Dichter aber wäre es lieber, wenn ihm auf der Höhe des Lebens Eros zur Ruhe käme. Er erfährt die Liebe als eine Macht, die ihm unablässig hart zusetzt. Rein biographisch bestätigt noch Cicero in seinem Werk „Tusculanae disputationes" (IV 71) die Liebesleidenschaft des Ibykos. Nachdem er „de iuvenum amore" bei Alkaios und Anakreon gesprochen hat, fährt er fort: „maxume vero omnium flagrasse amore Reginum Ibycum apparet ex scriptis ." (Daß aber am meisten von allen in Liebesleidenschaft entbrannt ist Ibykos aus Rhegion, geht klar aus seinen Schriften hervor.) Im hier betrachteten Gedicht verdeutlicht er diese Erfahrung durch den Vergleich des Eros mit dem heftigen thrakischen Nordsturm.

An dieser Stelle muß das Mißverständnis ausgeräumt werden, daß dem milden Frühling der rauhe Wintersturm gegenübergestellt werde. Vor allem H. Fränkel hat diese Fehlinterpretation vertreten[32]. „Zu ihm kommt die Liebe… im grimmigen Wintersturm dürren Alters, der über offene Weiten daherbraust." Vielleicht haben Vorstellungen der deutschen romantischen Lyrik den Philologen dazu verleitet, dem Frühling der Liebe den Winter und das Alter gegenüberzustellen. Aber dazu gibt der Text des Ibykos keine Grundlage; vom Wintersturm des Alters, der über offene Weiten braust, ist keine Rede. Vielmehr deutet im dritten Teil des Liedes (c) alles auf den Sommer hin: Der Boreas ist der typische Etesienwind, der im Sommer vom Norden, von Thrakien her, mit ziemlicher Regelmäßigkeit und Hef-

---

[32] H.Fränkel, Dichtung und Philosophie des frühen Griechentums. Beck, München 1962, 4. Aufl. 1993, S. 324

tigkeit über die Ägäis stürmt. Mit ihm wird Eros verglichen, der nach dem zarten und frischen Frühling der Liebe in späteren Jahren das Herz des Dichters heftig erschüttert. Auch daß er wie der Blitz das Herz des Menschen in Brand setzen kann, ist ein weiterer Hinweis auf den Sommer, in dem wohl eher und häufiger Gewitter auftreten als im Winter. Ferner gehört in diesen Zusammenhang auch das Wort vom „ausdörrenden Wahnsinn" (ἀζαλέαις μανίαις). Fränkel hat wahrscheinlich niemals erlebt, wie das wochenlange Wehen des Boreas in Griechenland, vor allem auf den ägäischen Inseln, zu großer Trockenheit, ja Dürre führt.

Der versengenden, ausdörrenden Hitze des Sommers steht das milde Licht des Frühlings gegenüber, welches das Wachstum der Pflanzen ebenso fördert wie das erquickende Wasser und der vor greller Sonne schützende Schatten. Der heftige Sturm im Sommer bringt dagegen nicht nur große Erschütterungen, sondern auch die Gefahr der Zerstörung durch Brand. Auch die Hauptverben der Naturbilder in a und c unterstreichen den Gegensatz: Das intransitive θαλέθω (= θάλλω) steht für das ungestörte, ungefährdete Blühen und Gedeihen im Frühling, während das transitive σαλάσσω bedeutet: schütteln, erschüttern. Ferner wird der Garten der Nymphen als ἀκήρατος bezeichnet, d.h. er ist unversehrt, unbeschädigt, unberührt. Demgegenüber ist der aggressive Eros ἀθαμβής, ohne ehrfürchtiges Staunen; ohne Scheu und Schonung greift er an.
Auch bei Sappho finden wir den Vergleich des Eros mit dem Sturm: „Eros hat mir die Sinne geschüttelt, wie der Wind, der im Gebirge in die Eichen fällt" (50 D). Doch in der Gestaltung des gleichen Motivs zeigen sich sprachlich-stilistisch große Unterschiede. Schlicht und schmucklos nennt Sappho einfach nur die Dinge; die Eichen und das Gebirge, aber, noch wichtiger, Eros und der Wind bekommen keinerlei schmückende Beiwörter. Demgegenüber steht die barocke Fülle des Ausdrucks bei Ibykos. Fünffach wird der wild heranstürmende Eros gekennzeichnet: durch den Dativus modi ἀζαλέαις μανίαισιν(mit ausdörrendem Wahnsinn), durch die Adjektive ἐρεμνός (dunkel) und ἀθαμβής (ohne Schonung), die als Prädikativa gebraucht sind, und durch die Adverbien ἐγκρατέως (herrisch) und πεδόθεν (von Grund auf). Zusätzlich wird der Hauptvorgang, die Erschütterung durch Eros, der in beiden Gedichten durch den Vergleich mit dem Sturm veranschaulicht wird, bei Ibykos reicher mit Worten ausgestattet. Während Sappho zu dem Hauptverb ἐτίναξε lediglich im Vergleich das modale Partizip ἐμπέτων setzt, erläutert Ibykos das entsprechende zentrale Verb σαλάσσει zwar auch durch ein

Partizip (ἀΐσσων), verdeutlicht dieses aber durch den weiteren partizipialen Ausdruck ὑπὸ στεροπᾶς φλέγων.

Boreas, ein Nymphenheiligtum und Eros – diese drei Motive finden wir auch im Dialog „Phaidros" des Platon. Zu Beginn führt Phaidros seinen älteren Freund Sokrates in eine schöne Landschaft vor den Toren der Stadt. Eine hohe Platane mit weit ausladenden Ästen ist von weitem zu sehen. Ihr Schatten, wohlriechende Sträucher in voller Blüte und das weiche Gras einer Wiese bieten einen angenehmen Aufenthalt. Das frische, klare Wasser des Ilissos und einer Quelle sowie ein nicht zu starker Wind erhöhen den natürlichen Reiz des Ortes. Ein Altar des Boreas und ein Nymphenheiligtum, erkennbar an den Mädchenstatuen der Göttinnen, erinnern an die attische Sage, daß der ungestüme Gott des Nordwindes hier die Nymphe Oreithyia geraubt und entführt hat. So fehlt denn auch nicht das Motiv des Eros, welches gleich nachdem sich Sokrates und Phaidros an diesem schönen Ort niedergelassen haben, entfaltet wird. Zwar schildern die ersten beiden Reden Eros als unheilvollen Liebeswahn (ἐρωτικὴ μανία), aber Sokrates korrigiert und differenziert im folgenden diese These, indem er den Eros als göttlichen Wahnsinn preist, als von den Nymphen ausgehenden Enthusiasmus, der den Philosophen die Schönheit des wahren und ewigen Seins lieben lehrt.

Auch zu Beginn der „Politeia" streift Platon das Thema des Liebeswahns (ἐρωτικὴ μανία). Der alte Herr Kephalos zitiert Sophokles, der von jemandem gefragt wurde, ob er in seinem Alter noch einer Frau beiwohnen könne. Die Antwort des Dichters lautete, er sei sehr froh, von dieser Art des Eros losgekommen und gewissermaßen aus der Sklaverei eines wilden und rasenden Herren entlaufen zu sein (329 c); und er zählt den Liebeswahn zu den μαινόμενοι δεσπόται, zu den tobenden Herren, von denen frei geworden zu sein Frieden und Freiheit im Alter ermögliche.[33] Dieses Glück scheint dem Ibykos nicht zuteil geworden zu sein, er leidet weiter unter den μανίαι, den Wahnsinnsanfällen, mit denen Eros ihn zutiefst erschüttert.

Das literarische Urbild eines Nymphenheiligtums – ohne jahreszeitliche Festlegung und metaphorische Bedeutung wie bei Ibykos - haben wir natürlich bei Homer (Odyssee 17, 204-211). Der als alter Bettler verkleidete Odysseus nähert sich

---

[33] μανία und μαίνεσθαι, stammen von derselben Wurzel, die „rasen" bedeutet.

nach zwanzigjähriger Abwesenheit zusammen mit seinem treuen Schweinehirten Eumaios seiner Heimatstadt auf Ithaka.

„Sie gingen den steinigen Gebirgspfad und gelangten nahe der Stadt zu der eingefaßten, schön fließenden Quelle, aus der die Bürger das Wasser holten. Ithakos, Neritos und Polyktor hatten den Brunnen gebaut. Ringsum war ein Hain von wassergenährten Pappeln, nach allen Seiten kreisrund, und kühles Wasser floß vom hohen Felsen herab. Darüber war ein Nymphenaltar gebaut. Dort opferten alle, die des Weges kamen."

Wie in Sapphos Garten der Aphrodite besteht die Schönheit des Nymphenheiligtums aus einer harmonischen Verbindung von natürlichen Gegebenheiten und dazu passendem Menschenwerk. Zwei asyndetisch nebeneinander gestellte Epitheta unterstreichen gleich zu Beginn der Beschreibung (V. 206) die Einheit von Natur und Kunst: Die Quelle ist κρήνη τυκτή, (von Menschen) eingefaßt, und καλλίροος, (von Natur) schön fließend. Der Pappelhain, welcher die Quelle umgibt, ist kreisrund und somit wohl auch von Menschen angepflanzt. Das kühle Wasser plätschert von einem Felsen herab, und wo es sich unten im Brunnenbecken sammelt, ist ein Altar darüber gebaut. Das Wort τέτυκτο (V. 210) ist von derselben Wurzel abgeleitet wie τυκτὴν (V. 206), so wie καλλίροον (V. 206) verwandt ist mit ῥέεν (V. 209). Der homerische Mensch sieht in einem so schönen Ort der Natur Gottheiten walten, in diesem Falle Nymphen, die das erfrischende und belebende Wasser spenden. Dankbar und fromm erbaut er ihnen einen Altar, auf dem alle Wanderer, die den steinigen und rauhen Gebirgspfad gehen, ein Opfer darbringen, wenn sie sich an der Quelle erfrischen und ausruhen.

Aber dieses Nymphenheiligtum liegt nicht irgendwo auf Ithaka, sondern unmittelbar vor der Heimatstadt und dem Palast des Odysseus. Nicht nur den Wanderern (ὁδῖται V. 211) kommt das Wasser der Quelle zugute, sondern auch die Bürger der Stadt schöpfen es (πολῖται V. 206). Diese letzte Bemerkung erweckt Erinnerungen an den Garten des Alkinoos, in dem auch eine der beiden Quellen in der Nähe des Königspalastes für die Bürger da war. In typischer Weise stellt Homer diese Beziehung her durch denselben Wortlaut: ὅθεν ὑδρεύοντο πολῖται 17, 206 und 7, 131. Heimatliche Nähe spricht auch aus der namentlichen Erwähnung der Männer, die den Brunnen gebaut haben: Ithakos, Neritos und Polyktor. Es handelt sich wohl um namengebende Heroen von Ithaka, von denen nur Polyktor nicht weiter kenntlich ist, während nach Neritos schon in der Odyssee (13, 351) und noch heute der Gebirgszug im Nordteil der Insel benannt ist.

Was sich im Handlungsablauf bei diesem heimatlichen Nymphenheiligtum des Odysseus abspielt, ist besonders bemerkenswert. Odysseus und Eumaios kommen nicht dazu, wie alle anderen Wanderer (17, 211) auf dem Altar zu opfern. Sie werden von dem Ziegenhirten Melantheus, einem Mann der ὕβρις, der den Freiern zu Diensten steht, daran gehindert. Dieser beschimpft nicht nur die beiden, die des Weges kommen, in übelster Weise, sondern er versetzt sogar Odysseus einen Fußtritt. Während der Herr, der in sein Eigentum zurückkommt, in dieser Weise mißachtet und mißhandelt wird, betet Eumaios zu den Quellnymphen, daß sie dem Odysseus die Heimkehr gewähren und dieser dann dem frechen Rüpel Melantheus seinen Hochmut austreibt.

Mit dieser Szene kontrastiert jene weit vorhergehende, die sich auch vor einem Nymphenheiligtum abspielt und uns zeigt, wie Odysseus nach seiner Heimkehr seine Heimatinsel wiedererkennt. Die Phäaken haben ihn tief schlafend im Phorkyshafen auf Ithaka ans Ufer gebracht. Nach dem Erwachen erkennt er seine Heimat zunächst nicht, bis ihn seine göttliche Beschützerin Athene aufklärt. Sie zerstreut den Nebel, der über dem Land liegt, und zeigt ihm „das Heiligtum der Nymphen, welche Najaden heißen" (ἱρὸν Νυμφάων, αἳ Νηϊάδες καλέονται 13, 348). Neben einem breiten Ölbaum befindet sich eine große Höhle, in welcher sie wohnen und wirken. Dort hat Odysseus ihnen ein Opfer dargebracht. Der heimatliche Berg Neriton steht im Hintergrund (vgl. V. 13, 351 mit V. 17, 207!).

Nun erkennt Odysseus seine Heimat wieder, und voll tiefer Freude küßt er den Heimatboden, um gleich darauf zu den Nymphen zu beten (13, 356-358):

„Ihr Quellnymphen, Töchter des Zeus, ich wähnte euch niemals wiederzusehen; jetzt aber seid gegrüßt mit freundlichen Gebeten, und wir werden euch auch Geschenke darbringen wie früher…"

Welch ein Gegensatz zu der rüpelhaften Gottlosigkeit des Melantheus!

Die Naturbilder des Nymphengartens bei Homer und bei Ibykos unterscheiden sich erheblich. Dabei ist nicht so sehr die Gestaltung der Einzelheiten wichtig, sondern die Bedeutung der Naturbeschreibung im Zusammenhang. Homer gibt gemäß der Eigenart seines Epos einfache, objektive Bilder der Nymphenheiligtümer, die den Hintergrund bilden für die Ereignisse im Ablauf der epischen Handlung: die Wiederkennung seiner Heimatinsel durch Odysseus und die Nicht-Erkennung und Beschimpfung sowie Mißhandlung seines Herren durch Melantheus.

Zwar lesen wir bei Ibykos zunächst auch die scheinbar objektive Beschreibung eines Nymphengartens, aber im zweiten Teil des Liedes entdecken wir dann ihre bildliche, metaphorische Bedeutung, die durch Andeutungen und Anspielungen gestützt wird. Es ergibt sich, daß die jungendliche Frische und Reinheit des Nymphengartens ein Gegenbild darstellt zu der Ruhelosigkeit und ungestümen Macht, mit welcher die Liebe dem Dichter zusetzt. Und dieser spricht seine persönliche Erfahrung direkt aus, so wie es nach der objektivierenden Art der Darstellung im Epos mit der frühgriechischen Lyrik zuerst aufgekommen war, in welcher sich das Individuum mit seiner Subjektivität, mit all seinen beglückenden und bedrückenden Erfahrungen, unmittelbar zu Wort meldete. Bahnbrechend für diese neue Weltsicht und ihre Formulierung im Gedicht war bekanntlich Archilochos, bei dem wir sogar zu dem Thema des unheilvollen Eros eine Parallele finden (112 D). Wie Ibykos erfährt er die Liebe nicht als Glück, sondern als Krankheit, die ihn schwer belastet. Wir stoßen hier auf ein Grundmotiv der archaischen Lyrik, das Ausgeliefertsein des Menschen an die Mächte der Götter und des Schicksals, gegen die man „nichts machen kann", die ἀμηχανία. Allenfalls gibt es ein Heilmittel, die τλημοσύνη, das geduldige Ertragen. Aber selbst das blieb wohl dem Ibykos, jedenfalls nach dem erhaltenen Befund des Liedes, versagt.

Gärten im Roman des Longos

1. Der Garten des Philetas

Nicht nur in der hohen Poësie finden wir schön gestaltete Gärten, sondern auch in der Prosa. Als herausragendes Beispiel in der griechischen Literatur betrachten wir zuerst den Garten des Philetas im Hirtenroman „Daphnis und Chloë", den Longos etwa um 200 n. Chr. geschrieben hat. Den formalen Unterschied von Poesie und Prosa sollte man nicht zu hoch veranschlagen, da sich Longos in seinem Roman einer Kunstsprache bedient, die in hohem Maße poëtisch geformt ist. Das zeigt sich nicht nur in der Verwendung all der rhetorischen Mittel, die der Sophist Gorgias bei der Abfassung dichterischer Werke vorgesehen hatte (Gleichklang und Symmetrie des Satzbaues, rhythmisierte Sätze, Isokola und Homoioteleuta, Antithese und Parallelismus u. a.), sondern auch in den zahlreichen Nachahmungen älterer Dichter, von Homer bis Theokrit, bzw. in den Anspielungen auf sie.

Besondere, ja vorbildliche Bedeutung hat für Longos die hellenistische Poësie, namentlich Theokrit, der große Vertreter der Hirtendichtung. Longos ist es gewesen, der diese Bukolik mit der Form des Romans verknüpft hat. Viele Nachahmungen Theokrits, aber auch Entlehnungen aus anderen Bukolikern, welche Longos geschickt in Prosa umgesetzt und seinem Werk angepaßt hat, lassen sich im Roman finden. Und es ist kein Zufall, daß der Hirt im programmatischen Lied des Thyrsis, im 1. Eidyllion des Theokrit, Daphnis heißt wie der „Held" im Roman des Longos. Daphnis ist seit Stesichoros von Himera auf Sizilien das Urbild des Hirten in der bukolischen Dichtung.
Auch der Name Philetas führt uns in diese Zusammenhänge. Longos hat den ältesten und erfahrensten Hirten nach dem eigentlichen Ahnherrn der bukolischen Dichtung, Philetas von Kos, benannt, der uns zwar nicht in überlieferten Werken faßbar ist, der aber in den Dichtungen des Theokrit und des Longos durchaus als ein großes Vorbild präsent ist.
Im Roman des Longos tritt Philetas am Rande eines herbstlichen Dionysosfestes auf als ein alter Mann, dessen Zugehörigkeit zur Welt der Hirten schon sein Äußeres verrät: Er ist angetan mit einem Flausrock (σισύρα), trägt Bauern- oder Hirten-

schuhe (καρβατίναι) und hat sich einen alten Ranzen (πήρα) nach Hirtenart umgehängt. Diese dreiteilige Beschreibung kann übrigens gleich als Musterbeispiel dienen für die poëtisch wohlgeformte Sprache des Longos: Die drei Angaben zum Äußeren des Philetas werden in der Form des Parallelismus gemacht, die drei Glieder bestehen jeweils aus zwei Worten und sind nahezu gleichsilbig (Isokola), am Ende eines jeden Kolons steht die Verbform im Partizip Perfekt Passiv mit der Endung -μένος (Gleichklang). Das Substantiv im letzten Glied (πήραν) bekommt noch ein Attribut, aber nicht einfach ein adjektivisches (παλαιάν) – das würde das Isokolon stören – sondern eine Art Apposition, die dann mit dem zu erklärenden Glied gleichsilbig ist.

Philetas setzt sich zu Daphnis und Chloë und stellt sich ihnen zunächst vor: „Liebe Kinder, ich bin der alte Philetas. Viele Lieder habe ich für die Nymphen hier gesungen, viele aber für den Pan dort auf der Flöte gespielt, und die große Rinderherde habe ich allein durch meine Musenkunst gelenkt (II 3,2)[34]." Das Auffälligste an dieser Selbstvorstellung ist die Hervorhebung der Musenkunst. Nachdem der Dichter den Philetas dem Äußeren nach als Hirten beschrieben hat, könnte man erwarten, daß dieser den Kindern von seiner typischen Arbeit als Hirt erzählt. Aber die erwähnt er später – auch nur beiläufig und als längst vergangen, da er aus Altersgründen mit dem Hüten der Tiere (νέμειν) aufgehört hat (3, 3). An erster Stelle spricht er von seiner Musenkunst, die er in den Dienst der ländlichen Götter, der Nymphen und des Pan, gestellt hat. Zu Ehren der Nymphen hat er Lieder gesungen (ᾖσα), und den Pan hat er mit dem Spiel auf der Syrinx, der Pansflöte, verehrt (ἐσύρισα). Und seine Musik hatte eine solche Macht, daß er allein mit ihr seine Herde lenken konnte, so wie Orpheus mit seinem Gesang und Spiel die Tiere bezauberte. In seiner Verehrung der ländlichen Götter stimmt Philetas mit der schlichten Frömmigkeit der Kinder überein, die niemals achtlos vorbeigehen an den Statuen oder Altären der Nymphen, sondern sie mit Gebeten und Opfern verehren (2, 5). Statuen der Nymphen und des Pan stehen an dem Ort, an welchem Philetas zu den Kindern spricht. Das läßt sich der Verwendung der Demonstrativpronomina entnehmen: <u>ταῖσδε</u> ταῖς Νύμφαις - τῷ Πανὶ <u>ἐκείνῳ</u>, den Nymphen hier – dem Pan dort.

Der Philetas des Longos ist also beides: ein einfacher Hirt, der im Leben auf dem Lande und mit den Tieren seine natürliche Daseinsform gefunden hat, mehr aber

---

[34] Die Zitate aus dem Garten des Philetas stammen, wenn nicht anders angegeben, alle aus Buch II.

noch der Freund und Diener der Musen, der mit seinem Gesang und Flötenspiel die ländlichen Götter verehrt und somit ein Leben in der Harmonie mit der Natur und mit den Göttern verwirklicht. Wie sein „Namenspatron" Philetas, der Begründer der bukolischen Dichtung, liebt auch er die Musenkunst, durch die er das Leben der einfachen und frommen Menschen auf eine höhere geistige Ebene stellt. Nachdem Philetas sich Daphnis und Chloë vorgestellt hat, erklärt er, warum er zu ihnen gekommen ist. Er will ihnen etwas offensichtlich Wichtiges kundtun, was er gesehen und gehört hat und was sich in seinem Garten abgespielt hat, den er nun beschreibt (3, 3 - 5):

Κῆπός ἐστί μοι τῶν ἐμῶν χειρῶν, ὅν, ἐξ οὗ νέμειν διὰ γῆρας ἐπαυσάμην, ἐξεπονησάμην, ὅσα ὧραι φέρουσι πάντα ἔχων ἐν αὐτῷ καθ᾽ ὥραν ἑκάστην· ἦρος ῥόδα, κρίνα καὶ ὑάκινθος καὶ ἴα ἀμφότερα· θέρους μήκωνες καὶ ἀχράδες καὶ μῆλα πάντα· νῦν ἄμπελοι καὶ συκαῖ καὶ ῥοιαὶ καὶ μύρτα χλωρά. εἰς τοῦτον τὸν κῆπον ὀρνίθων ἀγέλαι συνέρχονται τὸ ἑωθινόν, τῶν μὲν ἐς τροφήν, τῶν δὲ ἐς ᾠδήν· συνηρεφὴς γὰρ καὶ κατάσκιος καὶ πηγαῖς τρισὶ κατάρρυτος· ἂν περιέλῃ τις τὴν αἱμασιάν, ἄλσος ὁρᾶν οἰήσεται.

Übersetzung:

„Ich habe einen Garten, meiner Hände Werk, den ich mir angelegt habe, seitdem ich des Alters wegen mit dem Hüten aufgehört habe. Alles, was die Jahreszeiten bringen, habe ich darin, alles zu seiner Zeit. Im Frühling Rosen, Lilien, Hyazinthen und Veilchen von beiderlei Art; im Sommer Mohn, Birnen und alle Sorten Äpfel; jetzt (im Herbst) Trauben, Feigen, Granatäpfel und grüne Myrten. In diesem Garten versammeln sich des Morgens Schwärme von Vögeln, die einen zum Fressen, die anderen zum Singen. Denn er ist von Bäumen überdacht, schattig und von drei Quellen durchflossen. Wenn jemand die Mauer wegnähme, könnte er meinen, einen Götterhain zu sehen."

Der Garten des Philetas ist so gestaltet, daß er den schönen natürlichen Raum bildet für die Epiphanie des Gottes Eros. In ihm lebt und wirkt der Liebesgott, als wäre es sein eigener Garten (4, 1). Die Gewächse haben mit ihrer Art durchweg eine Beziehung zu Aphrodite und Eros, der ja nicht nur ihr Sohn, sondern auch ihr treuer Begleiter und Helfer ist. Diese Beziehung liegt nicht immer offen zutage, sondern ist nach der literarischen Gepflogenheit des Hellenismus manchmal etwas entlegener, versteckter. Longos hat die Gewächse im Garten des Philetas in drei Gruppen nach Jahreszeiten geordnet, nach dem Bauprinzip 4-3-4. Naturgemäß weist er dem Frühling die Blumen zu: Rosen, Lilien, Hyazinthen und Veilchen. Daß die Rosen im Garten des Eros zuallererst genannt sind, verwundert nicht. Sind sie doch das beliebteste Liebessymbol, wie wir schon im Lied der Sappho (S. 34f) gesehen haben. Aber auch die Hyazinthen und Veilchen haben im Mythos und in der Poësie mit der Welt des Eros zu tun. Hyazinthen schmücken neben anderen Blumen das Lager des Zeus und der Hera bei ihrer Heiligen Hochzeit (Hom. Il. 14, 348). Und schon der Name erinnert an die Sage, nach der Apollon seinen Liebling Hyakinthos versehentlich beim Diskuswerfen am Kopf trifft und tödlich verwundet. Aus dem Blut des schönen Jünglings läßt der Gott die Hyazinthe sprießen. – Veilchen blühen im Garten der Kalypso (Hom. Od. 5, 72) und gehören neben Rosen und Hyazinthen zu den Blumen, welche die Wiese zieren, von der Hades die mit ihren Freundinnen spielende schöne Persephone raubt (hom. Dem. Hymn. 6f). Nur die Lilien weisen in der griechischen Literatur keinen direkten Bezug zur Welt der Liebe auf, sie scheinen eher den Musen geweiht, die nach einer späten Notiz (Auson. epist. 12, 14) „lilienbekränzt" (κρινοστέφανοι) heißen. Vielleicht will Longos damit leicht andeuten, daß der Garten des Eros auch als ein Garten der Musen, der Poësie, verstanden werden darf. Ist doch Philetas der Ahnherr der Hirtendichtung, welche auch dem Eros mannigfaltigen Spielraum gewährt. Ein weiterer Hinweis darauf könnte sein, daß Philetas für die „Ausarbeitung" seines Gartens dasselbe Verb gebraucht (ἐξεπονησάμην) (3, 3) wie Theokrit für die Abfassung eines „kleinen Liedes" (μελύδριον ἐξεπόνασα) (VII 51), welches natürlich ein bukolisches Liebeslied ist nach dem Vorbild des Philetas, der kurz zuvor als der unerreichbare Meister der Poësie erwähnt ist (VII 39f).

In der zweiten Gruppe gedeihen im Garten des Philetas die Sommerfrüchte Mohn, Birnen und Äpfel. Über die Bedeutung des Apfels in der Symbolsprache der Liebe ist bei der Betrachtung der Gärten des Alkinoos und Laërtes in der Odyssee sowie des Gartens der Aphrodite bei Sappho hinreichend gesprochen worden. Aber auch der Birnbaum mit seinen Früchten entbehrt nicht der Beziehung zur Welt der Liebe. Er ist der Aphrodite und besonders der Hera geweiht, wie Pausanias (II 17, 5)

berichtet. Er hat noch selbst das älteste Götterbild der Hera im Heraion bei Argos gesehen, welches aus Birnbaumholz geschnitzt war. Möglicherweise ist auch hier wieder in hellenistischer Manier eine leichte Andeutung darauf gegeben, daß es im Garten des Eros nicht nur um die „freischwebende" Liebe der Aphrodite geht, sondern auch um die eheliche Liebe, wie sie Hera vertritt.
Eine besondere Bewandtnis hat es mit dem an erster Stelle genannten Mohn. Auch er spielt in der Welt der Liebe eine Rolle. Wiederum ist es Pausanias, der von einem Sitzbild der Aphrodite in Sikyon berichtet, welches in der einen Hand einen Mohnkopf, in der anderen einen Apfel hielt (II 10, 5). Beide sind hier also als deutliche Liebessymbole miteinander verbunden. Ferner darf hier ein Liebesorakel (τηλέφιλον = Fernliebchen) erwähnt werden, bei dem der Mohn im volkstümlichen Brauchtum Anwendung fand. Wer sich über die Gegenliebe der abwesenden geliebten Person Gewißheit verschaffen wollte, legte ein Mohnblatt über den Daumen und den Zeigefinger der linken Hand und bildete so einen kleinen Hohlraum. Dann schlug er mit der flachen rechten Hand darauf, und je lauter es knallte oder klatschte, desto günstiger war das Zeichen für die erwartete Gegenliebe. Bei Theokrit haben wir einen Reflex dieses abergläubischen Brauches (III 28f), allerdings in einer etwas anderen Version. Ein unglücklich verliebter Hirt will sich der Liebe seiner Amaryllis vergewissern und wendet das Liebesorakel so an, daß er sich ein Mohnblatt auf den Arm klebt, in der Hoffnung, daß es beim plötzlichen Abreißen ein klatschendes Geräusch erzeugen würde. Aber zu seiner großen Enttäuschung fällt das Blatt wirkungslos wie verwelkt ab.

Auch in der dritten Gruppe, die dem Herbst zugeordnet ist, finden wir wieder symbolträchtige Gewächse und Früchte. Dabei scheinen die ersten beiden, Reben und Feigen, eher auf Dionysos anzuspielen, der aber selbstverständlich auch im Garten des Eros präsent ist. Die Philetasszene hat Longos ja am Rande eines herbstlichen Dionysosfestes angesiedelt. Die Feigen werden oft neben den Weintrauben mit Dionysos in Verbindung gebracht, der daher auch φιλόσυκος (Feigen liebend) genannt wurde. Und im Mythos erscheint sogar die Rebe als Schwester der Feige, welche aber zugleich ein Symbol für das weibliche Geschlecht ist (σῦκον = αἰδοῖον γυναικεῖον).
Die beiden letzten Früchte, Granatäpfel und Myrtenbeeren, gehören in der Symbolsprache wieder eindeutig zur erotischen, aphrodisischen Welt. Wegen der zahlreichen Samen war der Granatapfel ein altes Symbol der Liebe und der Fruchtbarkeit. Aphrodite soll auf Zypern den Granatapfelbaum gepflanzt haben, und Rhoio,

die personifizierte Frucht des Baumes, galt als Tochter des Staphylos, des Weinstocks, der ebenso wie Ampelos ein Sohn des Dionysos ist. So ist auch im Mythos die Verbindung von Aphrodite und Dionysos grundgelegt.

Ein besonderes Augenmerk wollen wir nun darauf richten, wie die drei Gruppen der Blumen, Bäume und Früchte im Garten des Philetas im ganzen eingerahmt sind. Am Anfang stehen die Rosen, die als beliebtestes Liebessymbol schon oben (S. 51) erwähnt sind. Den Schluß bilden die Myrten, welche den Rosen an Bedeutung in der Symbolsprache der Liebe nicht nachstehen. Sie sind mythisch und kultisch besonders eng mit Aphrodite verbunden. In einem Myrtengebüsch verbarg sich die Göttin, als sie auf Zypern nach ihrer Geburt eben dem Meer entstiegen war. Bei Pausanias lesen wir die Notiz, daß Pelops der Aphrodite ein Kultbild geweiht hat, welches aus frischem Myrtenholz geschnitzt war (V 13, 7). Wegen ihres Wohlgeruchs fanden die Myrten, zum Kranz geflochten, mannigfaltige Verwendung bei Kulten und Festen, vor allem zu Ehren der Aphrodite. Nicht nachweisbar allerdings ist der Brautkranz aus Myrten. Demgegenüber ist interessant die Mitteilung, daß man Myrtenöl als Würzmittel für Wein gebrauchte.

Rosen und Myrten, durch die Anfangs- und Endstellung besonders betont, haben im metaphorischen Sprachgebrauch der Griechen schon als Wörter auch eine erotische Bedeutung. Die Rose (τὸ ῥόδον) kann das weibliche Geschlechtsorgan (τὸ αἰδοῖον) bezeichnen ebenso wie die Myrtenbeere (τὸ μύρτον) die Klitoris (κλειτορίς).

Auch bei dem frühgriechischen Lyriker Archilochos finden wir die Rose und Myrte miteinander verbunden in dem schönen Bild eines Mädchens von großer erotischer Ausstrahlung:

ἔχουσα θαλλὸν μυρσίνης ἐτέρπετο
ῥοδῆς τε καλὸν ἄνθος.

Sie hielt einen Myrtenzweig in der Hand
und eine schöne Rosenblüte und freute sich daran.

Nachdem Philetas eine Übersicht gegeben hat, was alles an Blumen, Sträuchern, Bäumen und Früchten in seinem Garten wächst und gedeiht, kommt er auf die Schwärme von Vögeln zu sprechen, die sich in seinem Garten versammeln, um

Futter zu suchen oder zu singen. Er ist ein einladender Aufenthaltsort für sie, weil die Bäume mit ihren Kronen ein schützendes Dach bilden und Schatten bieten und weil drei Quellen angenehme Frische gewährleisten.
Auch in den Vögeln darf man ohne Zwang eine leichte Anspielung auf Eros sehen, der in der Literatur und Kunst, besonders in der hellenistischen, gern mit Flügeln versehen, vogelartig vorgestellt wurde. Schon Aristophanes spricht in seiner Komödie „Die Vögel" (697) von Eros als einem Gott mit goldenen Flügeln, der schnellen Wirbelwinden gleicht. Und der Gesang der Vögel – klingt in ihm nicht wieder das Motiv des Gartens der Poësie an?

Wir fassen zusammen: Der Garten des Philetas ist nicht einfach ein rein weltlicher „Menschengarten"; wenn man sich die Einfriedigung (ἕρκος), die hier von einer Mauer aus Feldsteinen (αἱμασιά) gebildet wird, wegdenkt, hat man einen Götterhain (ἄλσος) vor sich (3, 5). Er ist so angelegt, daß in ihm die Epiphanie des Gottes Eros stattfinden kann, der hier die zu ihm und seiner Welt passende natürliche Umgebung findet. Damit vergleichbar ist der heilige Hain der Aphrodite bei Sappho (S. 30ff), den den schönen natürlichen, aber auch von Menschen gestalteten Raum bildet für die Erscheinung der Göttin.
Für Eros ist der Garten des Philetas hauptsächlich angelegt, dieser Gott steht im Mittelpunkt. Aber auch andere Gottheiten sind nebenher gegenwärtig: selbstverständlich Aphrodite; ferner Dionysos und Hera; nicht zuletzt die Musen, so daß der Garten des Philetas nicht nur ein Garten des Eros ist, sondern auch ein Garten der Poësie.

Nach der Beschreibung des Gartens erzählt Philetas den Kindern Daphnis und Chloë von der Epiphanie des Eros. Der Gott erscheint als ein kleiner Knabe, der in dem Garten des Philetas spielt und Früchte pflückt. Mannigfaltig sind die Konvergenzen zwischen den symbolträchtigen Einzelheiten des Gartens und dem Erscheinungsbild des Eros. Zwei der erotischen Symbole werden durch Mehrfachnennung besonders hervorgehoben: Philetas entdeckt den Eros – Knaben unter Granatbäumen und Myrtenbüschen, deren Früchte, Myrtenbeeren und Granatäpfel der Kleine in den Händen hält (4, 1). Philetas befürchtet, der schelmische Knabe könnte die Myrtenzweige und Granatbäumchen umknicken (4, 2). Dieser wirft mutwillig mit Myrten nach dem Alten (4, 4), der versucht, ihn zu fangen, und bei den Myrten schwört, ihn bald wieder freizulassen, wenn er in seine Arme komme, und ihm Äpfel und Granatfrüchte zu schenken.

Außer diesen Hauptsymbolen finden wir weitere Anspielungen: Neben den Granatfrüchten werden die normalen Äpfel genannt (4, 4), auch ein altes Liebessymbol. Und als Philetas den Eros - Knaben fangen will, versteckt sich dieser unter Rosensträuchern und in Mohnbeeten. Er tut das wie ein junges Rebhuhn (4, 2).
Damit klingt wieder ein zentrales Motiv an, das stärker betont wird: Eros, der Flügel trägt und mit Vögeln verglichen wird. Er selbst sagt von sich, daß er schwer zu erjagen sei, selbst für einen Habicht und Adler oder für einen noch schnelleren Vogel (5, 2). Seine Stimme klingt schöner als die der Nachtigall, der Schwalbe oder sogar des alten Schwanes (5, 1). Er springt wie ein Nachtigall - Junges auf die Myrtensträucher und hüpft von Zweig zu Zweig bis in die Krone. Philetas bemerkt auch Flügel an seinen Schultern (6, 1) und bezeichnet ihn als einen jungen, schönen und fliegenden Gott, der sich über die Jugend freut, der Schönheit nachjagt und den Seelen Flügel verleiht. Den Kindern gefällt die Geschichte, aber sie fragen auch, ob denn nun Eros ein Knabe oder ein Vogel sei.
Das Erscheinungsbild des Eros ist durchaus nicht einheitlich; es trägt auch Züge eines göttlichen Hirten, der sich um die Liebe der Menschen kümmert. So hat er schon Amaryllis dem Philetas in seiner Jugend zugeführt (5, 3), und jetzt „hütet er Daphnis und Chloë" und sorgt dafür, daß sie zusammenfinden: νῦν δὲ Δάφνιν ποιμαίνω καὶ Χλόην (5, 4). Das Verb ποιμαίνω gehört ja zu dem Substantiv ὁ ποιμήν (der Hirt). Und der greise Philetas möchte seine Erfahrung den jungen Menschen zugute kommen lassen und ihnen die Botschaft bringen, daß sie dem Eros geweiht sind und daß sich der Gott der Liebe wie ein Hirt ihrer annimmt.

Eine dritte Komponente im synkretistischen Bild des Eros tritt deutlich hervor: Der kosmogonische Eros als der uralte und mächtige Gott, als Urpotenz am Anfang der Welt und als das zeugende und lebenfördernde Prinzip. Hesiod hatte in der Theogonie (120ff) die Lehre verkündet, daß Eros zusammen mit Gaia direkt nach dem uranfänglichen Chaos entstanden sei und große Macht über das Denken und Wollen aller Götter und Menschen ausübe. Platon greift diese Lehre im Symposion auf (178b) und fügt hinzu, daß auch Parmenides den Eros als ersten aller Götter bezeichnet habe; und daß er als der älteste der Urheber größter Güter für die Menschen sei (πρεσβύτατος δὲ ὢν μεγίστων ἀγαθῶν ἡμῖν αἴτιός ἐστιν).
Diese alten Vorstellungen von Eros im Rahmen der Weltentstehung und Weltbeherrschung greift auch Longos auf und ordnet sie in das Gesamtbild des erscheinenden Gottes ein. Er läßt ihn selbst zu Philetas sagen (5, 2), daß er nur scheinbar ein Knabe sei, in Wirklichkeit sei er – hier gebraucht Longos ein unübersetzbares

Wortspiel – älter als Kronos (Κρόνου) und die ganze Zeit (χρόνου). Er hat auch schon den jungen Hirten Philetas betreut, so wie er sich jetzt um Daphnis und Chloë kümmert. Wenn er sie am Morgen zusammengeführt hat, kommt er in den Garten des Philetas, freut sich an den Blumen und Pflanzen und badet in den Quellen (5, 4). Deswegen erscheint er dem Alten auch „glänzend und wie frisch gebadet" (4, 1). Aber auch von ihm geht eine die Natur belebende und erquickende Wirkung aus, so daß die Blumen und Pflanzen an Schönheit gewinnen, vom badenden Eros mit Wasser besprengt (5, 4). Und völlig schonend und schadlos ist sein Spielen und Herumtollen im Garten (5, 5).

Während hier noch an den mutwilligen Knaben Eros gedacht ist, kommt im folgenden seine Bedeutung als Herrscher über den Kosmos und die Natur zum Vorschein. Auf die Frage der Kinder: „Was vermag er?" (τί δύναται; 7, 1) antwortet Philetas: „Er vermag so viel wie nicht einmal Zeus. Er herrscht über die Elemente, er herrscht über die Sterne, und er herrscht über die gleichartigen Götter" (7, 2). Um den Kindern die große und umfassende Macht des Eros anschaulich zu machen, fügt er hinzu: „Nicht einmal ihr habt solche Gewalt über eure Ziegen und Schafe" (7, 2). Und er bringt weitere Beispiele für das Wirken des Eros aus dem Bereich des Gartens und der Natur: „Die Blumen alle sind Werke des Eros, die Pflanzen hier sind seine Geschöpfe, seinetwegen fließen die Ströme und wehen die Winde" (7, 3). Weiter erwähnt er, wie auch die Tiere, Stier und Bock, in der Brunftzeit von Eros umgetrieben werden, und bekennt im Anschluß daran, mit welcher Macht Eros ihn selbst in seiner Jugend, als er für Amaryllis brannte, ergriff und erschütterte. Er zerbrach sogar seine Hirtenflöte, weil er nicht einmal mit ihrem Spiel Amaryllis an sich ziehen konnte. Anders als Theokrit, der gesagt hatte (11, 1ff), es gebe kein Mittel gegen den Eros außer der Musenkunst, läßt Longos auch diese nicht gelten als Heilmittel gegen die Liebe, sondern nur ihre körperliche Erfüllung (7, 7): „Gegen die Liebe gibt es kein Heilmittel, weder als Getränk noch als Speise noch als Lied, außer Kuß und Umarmung und nackt Beieinanderliegen." (Ἔρωτος οὐδὲν φάρμακον, οὐ πινόμενον, οὐκ ἐσθιόμενον, οὐκ ἐν ᾠδαῖς λαλούμενον, ὅτι μὴ φίλημα καὶ περιβολὴ καὶ συγκατακλινῆναι γυμνοῖς σώμασι.)

Eros ist nicht nur der älteste und mächtigste Gott, sondern auch der schönste. Schon Hesiod (Theog. 120) hatte ihm dieses Prädikat verliehen: Ἔρος, ὃς κάλλιστος ἐν ἀθανάτοισι θεοῖσι. „Eros, welcher der schönste ist unter den unsterblichen Göttern." Gleich am Anfang der Epiphanie wird die Schönheit des Eros – Knaben umschrieben: Er erscheint „weiß wie Milch und rotblond wie Feuer, glänzend wie eben erst gebadet" (4, 1). Den Kindern, die nach dem Wesen des Eros fragen, antwortet Philetas, daß er ein Gott sei, jung und schön (7, 1). Aber er ist nicht nur selber schön, sondern verleiht auch Blumen, Pflanzen und wohl auch Menschen Schönheit (5, 5). Und er freut sich über Jugend und Schönheit und jagt ihr nach (7, 1).

Philetas erzählt den Kindern von der Epiphanie des Eros in seinem Garten, um sie auf die gegenseitige Liebe vorzubereiten als auf etwas Natürliches, Schönes und Gottgefälliges. Als er sich danach entfernt, nach Hirtenart beschenkt mit Käsestücken und einem jungen Bock, sagt Longos ausdrücklich von ihm: παιδεύσας αὐτοὺς (8, 1), „nachdem er sie unterrichtet hatte". Philetas ist für die Kinder der Lehrer der Liebe.

2. Der Garten des Lamon

Longos hat gegen Ende seines Hirtenromans „Daphnis und Chloë" einen zweiten Garten beschrieben (IV 2-3), der wiederum mit dem Hauptgeschehen eng verknüpft ist. Während aber der Garten des Philetas nur in der Erzählung des alten Hirten den Kindern als ein Ort der Epiphanie des Eros vor Augen geführt wird, ist der Garten des Lamon direkt in den Handlungsablauf eingebunden. Daphnis und Chloë haben die Liebeslehre des erfahrenen und weisen Philetas verstanden, und nach mancherlei Irrungen und Wirrungen schicken sie sich an zu heiraten. Bevor es aber zum „happy end" kommt, bildet der Garten des Lamon und seine Verwüstung eine Art retardierendes Moment, wenn man den Aufbau des Romans mit dem eines Dramas, etwa der Neuen Komödie, vergleicht.

Lamon ist ein Sklave, der vor den Toren der Stadt Mytilene auf Lesbos das Landgut seines Herrn verwaltet. Er hat vor Jahren ein ausgesetztes Kind gefunden, es Daphnis genannt und zusammen mit seiner Frau Myrtale großgezogen. Er ist also der Ziehvater des Daphnis.

Für den Herbst des laufenden Jahres, kurz vor der Weinlese, hat sich der Herr Dionysophanes zu einer Besichtigung seines Landgutes angesagt. Daher verwendet Lamon besondere Mühe und Sorgfalt auf die Instandsetzung des Anwesens, welches seinem Herrn eine reine Augenweide sein soll. Vor allem dem schönen und großen Garten widmet er seine liebevolle Pflege.

Dieser Garten ist eine wunderschöne Anlage nach Art der königlichen Parks (παράδεισος), ein Stadion lang und vier Plethren breit (180 m x 120 m), also von beträchtlicher Größe. Seine Schönheit beruht vor allem auf der Ordnung und Harmonie, in welcher seine einzelnen Teile und Bereiche zueinander stehen. Sie ist am besten mit dem griechischen Wort κόσμος bezeichnet, welches ja beide Elemente, Ordnung und Schönheit, zugleich enthält. Dazu gehört auch die Einheit von natürlichem Wachstum (φύσις) und menschlicher Bearbeitung (τέχνη) (2, 5).[35]

---

[35] Die Zitate aus dem Garten des Lamon ohne Angabe des Buches stammen alle aus dem 4. Buch.

Im einzelnen sieht der Garten-Kosmos so aus: In der Mitte stehen von den Menschen gezogene, veredelte Bäume (δένδρα ἥμερα), Gewächse, die nützliche Früchte tragen (καρποφόρα φυτά): Äpfel, Birnen, Myrten und Granatäpfel sowie Feigen und Oliven; dazwischen Weinreben, die sich an die Apfel- und Birnbäume anschmiegen. Diese Bäume und Gewächse werden umgeben von solchen, die keine genießbaren Früchte tragen (ἄκαρπα), umrankt von Efeu statt Weinreben: Zypressen, Lorbeerbäume, Platanen und Pinien. Die zweite Gruppe der Bäume bildet eine Art Mauerkranz (θριγκὸς χειροποίητος), von Menschenhand errichtet (2, 4), um die Fruchtbäume zu beschützen (φρουρούμενα). Um den ganzen Baumbestand läuft eine kleine Gartenmauer aus Feldsteinen (λεπτῆς αἱμασιᾶς περίβολος). Alles ist beschnitten und so abgetrennt, daß die Stämme den nötigen Abstand voreinander haben. Oben aber kommen sich die Kronen so nahe, daß die Zweige und Blätter gewissermaßen ein lichtes Dach bilden und Schatten spenden.

Auch Blumenbeete gibt es, wiederum gegliedert nach dem Muster φύσις - τέχνη. Rosen, Hyazinthen und Lilien sind von Menschenhand gepflanzt (χειρὸς ἔργα); Veilchen, Narzissen und Anagallis trägt die Erde von selbst (ἔφερεν ἡ γῆ) (2, 6).

So bietet der Garten Annehmlichkeiten zu jeder Jahreszeit: Im Sommer Schatten, im Frühling Blüten, und Früchte im Herbst. Nur der Winter steht nicht in dieser Reihe, er wird mit einbezogen durch die zusammenfassende Bemerkung, daß der Garten das ganze Jahr über ein angenehmes Leben (τρυφή) gewährleistet (2, 6). Dazu gehört auch die schöne Aussicht auf die Ebene und das Meer (3, 1), ermöglicht dadurch, daß der Garten an einer hochgelegenen Stelle (ἐν χώρῳ μετεώρῳ) liegt (2, 1).

Wie der Garten des Philetas weitgehend auf die Epiphanie des Eros zugeschnitten war, so wird im Garten des Lamon Dionysos verehrt, auf den schon in der Beschreibung der Gewächse Hinweise enthalten sind. Weinreben umranken die Nutzbäume, und um die Zierbäume schlingen sich Efeuranken. Rebe und Efeu sind typische Attribute des Dionysos, in dessen Kult der efeu- und weinlaubumwundene Thyrsosstab eine bedeutende Rolle spielt. Dieser trägt als Spitze oft einen Pinienzapfen, auf den die Erwähnung der Pinie (πίτυς) unter den Zierbäumen eine leichte Anspielung sein könnte. Im Garten des Philetas ist jedenfalls die Pinie nicht vertreten.

Genau in der Mitte des Gartens stehen ein Tempel und Altar des Dionysos, welche wiederum mit den Attributen des Gottes ausgestattet sind: Den Altar umgeben Efeuranken, den Tempel Reben (3, 1). Im Inneren ist das Heiligtum mit Gemälden geschmückt, auf denen Motive aus dem Dionysos – Mythos dargestellt sind: Die gebärende Semele, die schlafende Ariadne, der gefesselte Lykurg und der zerrissene Pentheus; ferner Gruppenbilder: die besiegten Inder und die in Delphine verwandelten Tyrrhener (3, 2). Auch die Begleiter des Dionysos sind überall zu sehen: kelternde Satyrn und tanzende Bakchen. Den Abschluß bildet der Hirtengott Pan, dessen Darstellung gewissermaßen die bukolische Welt und das Erntefest zur Weinlese in Erinnerung ruft: Er sitzt auf einem Felsen und spielt auf der Syrinx ein gemeinsames Lied für die Kelterer und die Tänzerinnen.

Diesem großen und schönen Garten widmet Lamon seine liebevolle Pflege, damit der Herr, wenn er zur Besichtigung kommt, große Freude daran hat. Er schneidet die trockenen Äste ab, bindet die Reben hoch und leitet den Blumen Wasser zu aus einer Quelle, die Daphnis für sie ausfindig gemacht hat und die deswegen die Quelle des Daphnis heißt (4, 1). Neben diesen praktischen Arbeiten denkt Lamon auch an Dionysos als den göttlichen Schirmherren des Wachstums im Garten, indem er sein Standbild bekränzt. Den Daphnis ermahnt er, sich besonders sorgfältig um die Ziegen zu kümmern, damit der Herr seiner Heirat umso wohlwollender zustimme.

Aber dann geschieht das Unsägliche, das alle Gutwilligen in der friedlichen Hirtenwelt mit Entsetzen und Trauer erfüllt: Der Garten wird z.T. verwüstet und zerstört. Der freche Rinderhirt Lampis hat auch um Chloë bei ihrem Vater angehalten, aber bisher die Einwilligung zur Heirat nicht bekommen. So sucht er denn aus Eifersucht nach einer Möglichkeit, den Herrn gegen Lamon und Daphnis aufzubringen, und verfällt in seiner Böswilligkeit auf den Gedanken, durch Zerstörung der Blumen sein Ziel zu erreichen. Nachdem er nächtlicherweile über das Gartenmäuerchen geklettert ist, wühlt er die Blumen teils aus dem Boden, teils knickt er sie um oder zertrampelt sie wie ein Schwein. So zerstört er den Blumengarten, er raubt ihm seine Ordnung und Schönheit (κόσμος), was der Dichter mit dem Verb ἀποκοσμέω (7, 2) ausdrückt.

Die üblen Machenschaften des Nebenbuhlers Lampis verfehlen ihr Ziel. Denn Astylos, der Sohn des Herrn Dionysophanes, ist schon vor seinem Vater auf das Landgut gekommen und zeigt Verständnis für die Not des Lamon und Daphnis. Er nimmt die Schuld an der Zerstörung der Blumenbeete auf sich, indem er vorgibt, seine Pferde hätten sie zertrampelt, so daß sein Vater bei der Besichtigung des Landgutes Wohlgefallen an allem äußert und keinen Anstoß an der Verwüstung des Gartens nimmt.

Eine zweite Gefahr für Daphnis geht von dem Begleiter des jungen Astylos aus. Dieser, Gnathon mit Namen, ist ein Fresser, Säufer und Lüstling, der Gefallen an hübschen Jungen hat (παιδεραστής 11, 2). Und da Daphnis von außergewöhnlicher Schönheit ist, die sogar mit der des jugendlichen Apollon verglichen wird (14, 2), entbrennt Gnathon in wilder und unnatürlicher Leidenschaft für ihn. Dieser aber erwehrt sich der häßlichen Zudringlichkeit des Parasiten und stößt ihn kräftig zurück, als er es mit körperlicher Gewalt versucht.

Nachdem so Störung und Gefahr abgewendet sind, kann am Ende die glückliche Heirat des Liebespaares Daphnis und Chloë stattfinden.

Zahlreich sind die literarischen Vorbilder und Anlehnungen, die Longos in seine Beschreibung des Gartens und der mit ihm zusammenhängenden Geschehnisse eingearbeitet hat. Sie sind nach Art der griechischen, besonders der hellenistischen Poësie oft nahezu unmerklich übernommen und vollkommen in den Stil des Autors integriert. Wie meistens bei der Frage nach der Herkunft literarischer Motive kann man auch hier bis zu Homer zurückgehen, dem großen Ahnherrn der griechischen und europäischen Dichtung.

Wir haben seine Beschreibung des Gartens des Alkinoos (Odyssee 7, 112-135) gelesen und interpretiert (S. 18ff). In ihm stehen nur Fruchtbäume, Bäume mit eßbaren Früchten, die Longos als ἥμερα oder καρποφόρα φυτά bezeichnet. Nur Zierbäume dagegen (ἄκαρπα) finden wir im Garten der Kalypso (Od. 5, 63-77). Longos hat also sozusagen die beiden Gärten des Homer, was die Bäume angeht, miteinander kombiniert und die beiden Gruppen der Bäume in eine schöne Beziehung zueinander gesetzt: Die Zierbäume ohne genießbare Früchte umgeben und beschützen die Bäume, die den Menschen nützliche Früchte schenken. Auch in den Motiven des Weingartens und der Quelle sind die Gärten des Alkinoos und des Lamon miteinander verwandt, während die Blumen und der Schatten, welchen die Bäume spenden, bei Homer keine Rolle spielen, wohl weil es im Garten des Alkinoos nicht so sehr auf die Annehmlichkeit für die Menschen ankommt, sondern vor allem auf die paradiesische Fruchtbarkeit.

Auch Anlehnungen an die griechische Lyrik scheint es gegeben zu haben. Das Zertrampeln der Blumen kommt auch in einem Fragment der Sappho vor (117 D), allerdings darf man einen gravierenden Unterschied nicht übersehen: Die Hirten in diesem Liedstück zertreten wohl unabsichtlich beim Hüten in den Bergen die Hyazinthe, während ja bei Longos böswillige Zerstörung vorliegt.

Der schöne Ausblick aufs Meer (3, 1) findet sich auch bei Anyte, der hellenistischen Dichterin von Epigrammen (ca. 300 v. Chr.). Aphrodite schaut gern von ihrem Heiligtum aufs weite Meer hinaus (λαμπρὸν ὁρῆν πέλαγος) als Schutzpatronin der Seefahrer (Anth. Pal. 9, 144).

Ferner lassen die Geschehnisse um die Verwüstung des Gartens an die Neue Komödie denken. In Astylos kann man den Typ des reichen, vornehmen jungen Mannes ebenso sehen wie in Gnathon den verkommenen Parasiten, Typen wie sie bei Menander und anderen Dichtern der Neuen Komödie auftreten. In der Komposition kommt die Verwüstung des Gartens einem wichtigen Element des Dramas gleich, nämlich der Retardation. Vor der glücklichen Vollendung, der Heirat von Daphnis und Chloë, bedeutet sie eine letzte Gefährdung und Verzögerung.

Nur etwa ein bis zwei Generationen vor Longos hat ein Autor gelebt und viel geschrieben: Lukian von Samosata. Ihn hat Longos offensichtlich gekannt; denn ziemlich deutlich sind die Übereinstimmungen seiner Gartenbeschreibung mit einem Abschnitt in den Ἔρωτες (Liebschaften), in dem ein Heiligtum der Aphrodite, bestehend aus dem heiligen Hain, dem Tempel und dem Kultbild, beschrieben wird (Kap. 12). Auch hier finden wir die Zusammensetzung des heiligen Haines aus Bäumen mit eßbaren Früchten und Ziergewächsen, wie Zypressen, Platanen und Lorbeer. Um die Bäume windet sich Efeu, und zwischen ihnen stehen Weinreben, mit dicken Trauben behangen. Die Zusammengehörigkeit von Aphrodite und Dionysos wird stark betont:τερπνοτέρα γὰρ Ἀφροδίτη μετὰ Διονύσου („erfreulicher ist Aphrodite im Bunde mit Dionysos"). Auch der Schatten, den die Bäume spenden zu angenehmem Aufenthalt im Sommer, wird von beiden erwähnt.

In einem weiteren Motiv sind sich beide Autoren einig: In der Ablehnung der Homosexualität als einer häßlichen Abirrung von Natur und Sitte. Mag auch die Begründung der Ablehnung, die Longos den Daphnis aus der Betrachtung des Sexualverhaltens der Tiere herleiten läßt (12, 2), naiv anmuten, so ist die Zurückweisung der Päderastie doch klar und entschieden. Auch Lukian geht in seiner Schrift "Ερωτες (Kap. 22) von Beispielen aus der Tierwelt aus, vertieft aber die Argumente gegen die gleichgeschlechtliche Liebe durch den Hinweis, daß sie gegen die göttliche Weltordnung verstößt. Er spricht hier ganz im Sinne der Stoá von der Vorsehung (πρόνοια), die ein solches Verhalten nicht zuläßt: „Es bleiben aber fest und unerschütterlich bestehen die Gesetzmäßigkeiten und Gebote der Vorsehung" (μένει δὲ ἀκίνητα τῆς προνοίας τὰ δόγματα). Und er scheut nicht vor den scharfen Worten zurück, daß die Homosexualität eine freche gegenseitige Mißhandlung ist (κατ᾽ ἀλλήλων ὕβρις), die aus der neuen Krankheit der Sittenwidrigkeit herrührt (καινῇ νόσῳ παρανομήσαντες).

Zum Ausklang unserer Betrachtung des Motivs „Die Verwüstung des Gartens" werfen wir noch einen Blick auf eine Parallele in der Bibel. Der Weingarten ist eine Bild für das auserwählte Volk Gottes. „Denn der Weinberg des Herrn der Heerscharen ist das Haus Israel" (Jes. 5, 7), er ist ein „Wahrzeichen der Himmel und Erde verbindenden Liebe Gottes"[36]. In Psalm 80, 9ff heißt es in einem kühnen Bild, daß der Herr einen Weinstock in Ägypten mit seinen Wurzeln ausgrub, in das Stammland Israel brachte und dort wieder einpflanzte. Er wuchs heran zu ungeheurer Größe und breitete sich über das ganze Land aus, bis zum Meer und nach Osten bis zum Euphrat. Aber dann kommt es zur Katastrophe: Das Volk Israel wird untreu, so daß der Herr ihm seinen Schutz entzieht. Klagend wendet sich der Psalmist an ihn und bittet ihn, sich des Weinstocks gnädig wieder anzunehmen (80, 13 - 16)[37]: „Warum zerstörtest Du seine schützende Mauer, so daß alle, die des Weges kommen, sich Trauben pflücken? Das Wildschwein aus dem Wald verwüstete ihn, ein allein lebendes wildes Tier weidete ihn ab. Herr der Heerscharen, wende dich uns zu, schau auf uns vom Himmel herab und nimm dich gnädig dieses Weinstocks an, richte ihn wieder auf, den Deine Rechte gepflanzt hat."
Die Vergleichbarkeit der beiden Verwüstungsszenen im einzelnen hält sich allerdings in Grenzen. Im Äußerlich-Formalen gibt es ein paar Anhaltspunkte, die aber auch noch verschieden gestaltet sind: Bei Longos wird die zerstörerische Tätigkeit des eifersüchtigen Nebenbuhlers mit der eines Schweins verglichen (7, 3), im Psalm wütet das Schwein realiter im Weinberg (80, 14), nachdem der Schutz des Gartens weggefallen ist. Bei Longos klettert der Zerstörer über die Gartenmauer (7, 3), im Psalm reißt der Herr des Weinbergs selbst die Einfriedigung nieder (80, 13), damit Vorbeigehende oder wilde Tiere den Weinberg ausplündern oder verwüsten können. Im Inhaltlichen aber, was die Ursachen der Verwüstungen angeht,

---

[36] M. Lurker, Wörterbuch biblischer Bilder und Symbole. Kösel, 4. Aufl. 1990, S. 410
[37] Nach der Psalmenzählung der Septuaginta: 79, 13 - 16

liegen erhebliche Unterschiede, ja Gegensätzlichkeiten vor. Im Garten des Lamon verwüstet ein Nebenbuhler des Daphnis die Blumenbeete, um dessen Liebe zu Chloë nicht zur Vollendung kommen zu lassen. Im Psalm führt der liebende Herr selbst die Zerstörung des Gartens herbei, um das Volk, welches die Liebe und Treue verraten hat, zur Einsicht und Umkehr zu bringen. Jedenfalls ist die Liebe in beiden Gärten und Verwüstungsszenen das Gemeinsame, übergeordnete Motiv, wenn auch in gegensätzlicher Weise.

Und in beiden Fällen ist die Zerstörung nicht das Letzte. Im Garten des Lamon erreicht sie nicht ihr Ziel. Daphnis kann dank der wohlwollenden Mithilfe der Menschen seiner Umgebung verhindern, daß es zu einer wesentlichen Störung des Friedens kommt, und seine Liebe findet ihre Erfüllung, indem er Chloë heiraten kann. Ebenso ist die Verwüstung des Gartens im Psalm nicht das endgültige Ziel. Der liebende Gott läßt sie zu, damit sein Volk dadurch seine Untreue einsieht und zu ihm zurückkehrt. Aber anders als für Daphnis kann der Frieden nicht durch menschliche Bemühung sichergestellt oder wiederhergestellt werden. Es bedarf der gnädigen und verzeihenden Zuwendung der Liebe Gottes, der durch die Geburt und das Erlösungswerk seines Sohnes das untreue Volk erlöst und ihm seinen Frieden neu geschenkt hat. „Verherrlicht ist Gott in der Höhe, und Frieden haben die Menschen, die ihm gefallen" (Lk. 2, 14).

Weihnachten 2009

Lateinische Gärten

1. Der Garten des Korykischen Greises bei Vergil

Nach den biblischen und griechischen Gärten wollen wir auch einen römischen betrachten; und wo könnte man eher eine schöne Gartenbeschreibung finden als bei dem großen Dichter Vergil? Er hat in seinen Georgika, dem herrlichen Loblied auf das Landleben, zwar nicht einen Garten ausführlich beschrieben, aber es doch in der Form der beiläufigen Erwähnung (praeteritio) als eine reizvolle Aufgabe angesehen, den Gartenbau als Dichter zu besingen, wenn es der äußere und zeitliche Rahmen der Abfassung der Georgika zuließe.

Der Garten hat den Römern der Frühzeit lange praktischen Zwecken, meist dem Gemüseanbau, gedient. Doch soll es schon im Garten des Tarquinius Superbus auch Zierpflanzen, insbesondere Lilien, gegeben haben (Ovid, Fasti II 703ff). Aber bei dieser Notiz des Ovid ist zu bedenken, daß sie nicht unbedingt eine historische Nachricht sein muß; es kann sich sehr wohl auch um eine poetische Fiktion handeln, zumal die Lilien eine Rolle in der dargestellten Symbolhandlung spielen. Und selbst wenn in einem Königsgarten der Frühzeit auch Blumen und andere Zierpflanzen gestanden haben, muß das nicht zwingend auch für die bescheidenen Verhältnisse eines einfachen Römers gelten, an dessen Artriumhaus sich gewöhnlich ein kleiner, zweckmäßiger Garten mit Nutzpflanzen anschloß. Erst vom 2. Jh. v. Chr. an gab es auch Lustgärten (horti), für welche die Horti Lucullani, die Gärten des Lukull, eines reichen Genießers, ein Beispiel sind. In der Folge, von der frühen Kaiserzeit an, hören wir dann von luxuriösen Parkanlagen, die natürlich ein Privileg der Kaiser, Aristokraten und reichen Freigelassenen waren. Ausführliche Beschreibungen solcher Gärten können wir lesen in den Briefen des jüngeren Plinius (ep. 2, 17 und ep. 5, 6), die uns eine detaillierte Vorstellung geben von den beiden Landhäusern des Schriftstellers, dem Laurentinum und den Tusci, und von den damit verbundenen Gärten. Auch die Ausgrabungen von Pompeji und vor allem die Wandgemälde der reichen Häuser geben Aufschluß von der Größe und Pracht der kaiserzeitlichen Gärten. So manches Peristylhaus mit seiner freien Promenade oder Terrasse (xystus), die umgeben war von großen und schönen Blumenbeeten, war wohl das Zentrum einer reichhaltigen Parkanlage.

Aber nicht immer wurde die äußere Prachtentfaltung, auch in den Gartenanlagen, von den Römern angestrebt. Der Dichter Horaz preist gegenüber dem Luxus seiner

Zeit die Einfachheit und Zweckmäßigkeit der früheren Gärten (Carm. II 15), welche in ihrer Bescheidenheit noch den Vorschriften des urwüchsigen Cato entsprachen. Dieser hatte in seinem Werk über die Landwirtschaft (De agri cultura) Ziergewächse zwar kurz erwähnt, im übrigen aber der Wirtschaftlichkeit, etwa der Baumzucht, deutlichen Vorrang eingeräumt, ebenso wie sein Nachfahre Varro, der auch von der Handelsgärtnerei spricht (Rerum rusticarum I 16). Zu ihren Ausführungen passen die Gedanken des Horaz, im Einklang mit den Reformbestrebungen des Augustus, der die Gesellschaft zu der soliden Lebensform der römischen Frühzeit, zur Sitte der Vorfahren (mos maiorum), zurückführen wollte.

Auch Vergil steht in dieser Tradition und Gedankenwelt, ebenso wie Columella (1. Jh. n. Chr.), der im 10. Buch seines Werkes von der Landwirtschaft (Rei rusticae libri) die Anregung des Vergil aufgreift und den Gartenbau in dichterischer Form, in Hexametern ausführlich behandelt.

Vergil selbst gibt nur eine andeutende Skizze, wie er das Thema „Garten" dichterisch gestalten würde, wenn ihm die Vollendung der Georgika Zeit und Raum dafür ließe (IV 116 - 124). Dann im zweiten Teil seines Exkurses erläutert er, daß ihn der Garten des Korykischen Greises in Tarent, den er früher einmal gesehen hat, zu einer kleinen dichterischen Gestaltung inspiriert hat (IV 125 - 148), deren Ausführung er späteren Dichtern überlassen muß.

Vergil, Georgika IV 116-148

(Übersetzung)

„Ich würde, wenn ich nicht, schon nahe vor dem letzten Ziel meiner mühevollen Fahrt, die Segel einziehen und mich beeilen möchte, mein Schiff dem Land zuzuwenden, vielleicht auch besingen, welche sorgfältige Pflege die üppigen Gärten schön macht; würde besingen die Rosengärten von Paestum, wo die Pflanzen zweimal im Jahr Blüten und Früchte tragen; ferner, wie sich die Endivien des Tranks aus den Bächen erfreuen und die Ufer, grün von Eppich; und wie die Gurke, durch die Kräuter sich windend, bauchartig anschwillt; und ich hätte nicht die Narzisse verschwiegen, die erst spät ihre Blätter bekommt, oder das Rankengeflecht des Akanthus, die hellgrünen Efeuranken und die Myrten, die gern am Ufer stehen. Ich erinnere mich nämlich, unterhalb der Burgtürme von Tarent, wo der schwarze Galaesus die gelben Getreidefelder bewässert, einen alten Mann aus Korykos gesehen zu haben, dem wenige Morgen übriggelassenen, unvermessenen Landes gehörten; es war kein fruchtbarer Boden für die Viehzucht, weder für Rinder geeignet noch für Schafe, auch nicht passend für den Weinbau. Dennoch baute der Greis vereinzelt Kohl im Gestrüpp an, pflanzte weiße Lilien ringsum, Bäume und Sträucher mit heiligen Zweigen, und auszehrenden Mohn; und er fühlte sich reich wie die Könige, und wenn er spät abends nach Hause kam, belud er den Tisch mit ungekauften Speisen. Als erster pflückte er im Frühling Rosen und im Herbst Früchte, und wenn auch der harte Winter immer noch durch den Frost Steine bersten ließ und den Lauf der Wasserbäche durch das Eis hemmte, beschnitt er schon die zarten Hyazinthen, den späten Sommer scheltend und die säumigen Frühlingswinde. Folglich hatte er zuerst eine reiche Fülle an jungen Bienen, hatte zuerst einen großen Bienenschwarm und erntete schäumenden Honig, indem er die Waben auspreßte. Er hatte Linden und ergiebige Schneeballsträucher, und für wieviel Früchte der fruchtbare Baum sich mit neuen Blüten kleidete, ebenso viele bewahrte er zur Ernte im Herbst.

Er verpflanzte auch ältere Ulmen in Reihen, harte Birnbäume und Schwarzdorn, der schon Schlehen trug, und Platanen, die schon Zechenden Schatten spendeten. Aber das führe ich selbst nicht weiter aus, durch Zeitknappheit gehindert, und überlasse es anderen nach mir zu erzählen."

Der Text bedarf einiger erläuternder und interpretierender Hinweise, da er teilweise ziemlich voraussetzungsreich ist. Vergil ist ja auch ein poëta doctus, der seine Kenntnisse nicht nur der Landwirtschaftsschriftsteller (scriptores rei rusticae), sondern auch der Geschichte und griechischen Poësie in sein Werk einfließen läßt.

Dem Exkurs gehen Verse unmittelbar voraus (IV 109-115), welche die Bedeutung der Gärten für die Bienenzucht aufzeigen. Sie sollen mit ihren duftenden Blumen und Blüten die Bienen daran hindern, allzu weit auszuschwärmen, und sie einladen, in der Nähe der Bienenstöcke zu bleiben. Und der Imker soll keine Mühe scheuen, entsprechende Blumen und Pflanzen, wie Thymian und Schneeballsträucher, von den Bergen zu holen und in seinem Bienengarten anzupflanzen.

Es folgt eine kurze Skizze, in der Vergil die Grundzüge seiner dichterischen Gartengestaltung angibt (IV 116 - 124), wie sie ihm für den Fall einer ausführlichen Darstellung vorschweben. Als Leitgedanken stellt er an den Anfang die Pflege, welche die ertragreichen Gärten gedeihen läßt, und die Rosengärten von Paestum. Es ist bezeichnend, daß Vergil als Römer zuerst von den „fetten, ergiebigen, ertragreichen Gärten" (pinguis hortos V. 118) spricht, die aber erst durch die sorgfältige Pflege zu ihrer rechten Ordnung und Schönheit kommen (cura colendi ornaret V. 118f). Er denkt dabei wohl in erster Linie an den Anbau von Gemüse oder allgemein an Nutzpflanzen, ohne die Blumen und andere Zierpflanzen auszuschließen. Diese kommen dann mit den Rosengärten von Paestum, dem zweiten Motiv seines Gesanges vom Garten, ausdrücklich zur Geltung. Es ist wohl auch kein Zufall, daß der Ziergarten, welcher vor allem der Anschauung der natürlichen Schönheit dient, ein griechischer ist. Denn Paestum, in alter Zeit Poseidonia, ist eine Stadtgründung aus der Zeit der griechischen Kolonisation (7. Jh.), wurde dann aber romanisiert und ist heute berühmt durch die zahlreichen, gut erhaltenen Tempel und anderen Baudenkmäler aus der griechischen Zeit. In den Gartenvorstellungen des Vergil gehen also der praktische, mehr auf die Nützlichkeit ausgerichtete Sinn der Römer und das griechische Schönheitsideal eine harmonische Verbindung ein. Das zeigt sich auch in der Kombination der einzelnen Blumen und Gewächse. Mit den Gemüsepflanzen Endivien (intiba) und Gurken (cucumis) ist eine Reihe von Blumen und Ziergewächsen verbunden, die sogar eine deutliche Mehrheit haben: Eppich (apium), Narzisse (narcissus), Akanthus (acanthus), Efeu (hedera) und Myrte (myrtus). Mag sein, daß hierbei auch ein wenig an den Nutzen gedacht ist. Eppich etwa wurde nicht nur für die Siegerkränze bei den Nemëischen und Isthmischen Spielen verwendet, sondern war auch als Gemüse und Heilmittel geschätzt und wurde besonders gern von den Bienen angeflogen.

Auch im Hauptteil, dem Garten des Korykischen Greises, geht Vergil von griechischen Verhältnissen in Unteritalien aus, die aber geschichtlichen Hintergrund haben, keinen mythologischen, wie die bisher behandelten griechischen Gärten. Korykos war eine Stadt in Kilikien, der süd-östlichen Landschaft Kleinasiens, die sich im 6. und 5. Jh. v. Chr. in lockerer Abhängigkeit von Persien befand, dann aber nach der Eroberung durch Alexander d. Gr. unter griechischem Einfluß, meist der Seleukiden, stand. Am Ende des 2. Jh. v. Chr. machte sich das Seeräuberunwesen in Kilikien derartig breit, daß sich die Römer 101 v. Chr. zum Eingreifen veranlaßt sahen. Aber erst Pompeius konnte im Jahre 67 diesen Mißstand beseitigen. Er siedelte unterworfene Piraten, die in Kilikien ihr Rückzugsgebiet hatten, in Kalabrien an, das seit der griechischen Kolonisation in Tarent sein großes Zentrum hatte. In diesen Wirren der Umsiedlung ist wohl auch der Korykische Greis nach Unteritalien ausgewandert, wo er in der Gegend von Tarent, welches der Sage nach der spartanische König Oebalus gegründet hatte und das deswegen bei Vergil „Oebalia arx" heißt, seinen Garten anlegte. Er hatte dort ein Stück vom ager relictus, vom „übriggelassenen", unvermessenen Land bekommen, welches den Landvermessern, weil es zu rauh und waldig war, für die offizielle Landzuweisung nicht in Frage kam. Die Römer nannten solche scheinbar unbrauchbaren Grundstücke auch loca subsiciva", übriggebliebene Parzellen. Tarent bewahrte übrigens, auch in römischer Zeit, noch lange die griechische Sprache und Kultur. Die Gegend, in der die Stadt am gleichnamigen Golf lag, galt als besonders schön und fruchtbar, was Vergil andeutet mit den „gelben Saatfeldern" (flaventia culta), welche der „schwarze Galaesus" (niger Galaesus) bewässert (V. 126). Auch sein Dichterfreund Horaz würde, wenn ihm Tibur als friedlicher Ruhesitz verwehrt bleiben sollte, Tarent wählen, wo die gesegnete Natur herrliche Gaben spendet: Honig, Öl und Wein (Carm. II 6, 9ff).

Umso mehr überrascht es, daß in dieser ertragreichen Landschaft der alte Mann aus Korykos eine Stück Land für seinen Garten bekommen hat, welches man bei der offiziellen Landverteilung einfach hat liegen lassen, weil man es niemandem zumutete. Es ist so karg und dürftig, daß es im krassen Gegensatz zur üppigen Natur der Umgebung steht: unergiebig für die Rinderzucht, ungünstig für das Kleinvieh und ungeeignet für den Anbau von Wein.

Vergil betont die völlige Ungeeignetheit des Bodens für die Landwirtschaft, indem er dafür drei Synonyme setzt; nec fertilis, nec opportuna, nec commoda (V. 128f).

Diese Diskrepanz zwischen der Kargheit des Gartengeländes und der ansonsten fruchtbaren, ja üppigen Natur der Umgebung von Tarent findet eine leichte Erklärung im Weltbild, welches den Georgika des Vergil, dem Hohen Lied der Arbeit, zugrunde liegt. Dazu gehört die mythisch-religiöse Sinngebung der Arbeit, wie der Dichter sie im 1. Buch (V. 119ff) dargelegt hat. Juppiter hat die paradiesischen Verhältnisse unter Saturn, die Goldene Zeit, beendet, in der die Erde dem Menschen alles von selbst spendete, ohne daß bäuerliche Arbeit nötig war. Nun aber, in der Eisernen Zeit, liegt ein vielfältiger Fluch über der Natur, die sich geradezu feindselig zu dem Menschen verhält. Der höchste Gott will damit bewirken, daß der Mensch nicht in dumpfer Lethargie dahindämmert, sondern durch großen Erfindungsreichtum und unermüdlichen Fleiß seinen Lebensunterhalt den widrigen Umständen der Natur abringt. Labor improbus, mühselige Arbeit, ist erforderlich, um alle möglichen Gefahren und Schäden von den Saaten abzuwenden, und viele

Mittel und Wege (artes) müssen gefunden werden, um auch nur die einfachsten Lebensgrundlagen zu sichern. Erst dieser stets erneuerte Einsatz und Kampf gegen die zerstörerischen Kräfte der Natur gibt dem Land etwas von seinem ursprünglichen Glanz zurück, den es einmal hatte (divini gloria ruris V. 168).

Das gleiche gilt auch für den Garten des Korykischen Greises. Die Ungunst des Geländes wird aufgehoben durch die fleißige, unermüdliche Arbeit des alten Mannes. Obwohl sein kleines Feld völlig ungeeignet ist für den normalen bäuerlichen Betrieb, pflanzt er Kohl an, mitten im Gestrüpp (in dumis V. 130), ferner Lilien und Mohn, welcher den Boden auszehrt (vescum papaver V. 131). Vielleicht hat aber auch das Attribut vescum, zu papaver (Mohn) gesetzt, passivische Bedeutung: Ausgezehrt, mager, wenig Nährstoffe enthaltend, die jedoch in der antiken Medizin eine wichtige Rolle spielten. Besondere Beachtung verdienen die verbenae (V. 131), die heiligen Blätter und Zweige, z.B. des Lorbeers, Ölbaums, Myrtenstrauchs, der Zypresse und Tamariske, welche beim Opfern und anderen religiösen Zeremonien zum Bekränzen oder als Räucherwerk gebraucht wurden. Die Nennung der vier einzelnen Gewächse hat gewiß exemplarische Bedeutung. Der Greis ringt dem kärglichen Boden Gemüse ab, hat aber auch Blumen in seinem Garten und Heilpflanzen sowie Bäume und Sträucher, deren Zweige kultischen Zwecken dienen. Durch seine fleißige Arbeit, von der er spätabends (sera nocte V. 132f) nach Hause zurückkehrt, gewinnt er seinen Lebensunterhalt, und zwar in reicher Fülle, wie der V. 133 andeutet mit der Bemerkung: dapibus mensas onerabat („er belud den Eßtisch zu den Mahlzeiten mit Speisen"). Sein Garten gibt so viel her, daß er nichts auf dem Markt zukaufen muß (inemptis). So kann er sich in seiner Unabhängigkeit und Genügsamkeit reich wie die Könige fühlen (V. 132).

Sein Arbeitseifer zeigt sich auch im Jahresablauf. Er ist der erste, dem im Frühjahr die Rosen blühen und im Herbst das Obst reif wird (V. 134). Denn schon im tiefen Winter beginnt er mit der Gartenarbeit, wobei die Angaben, daß er die zarten Hyazinthen beschneidet, wenn der Frost noch die Steine bersten und die Bäche im Eis erstarren läßt, eine poëtische Übertreibung (Hyperbel) oder gar eine Unmöglichkeit (Adynaton) sein mögen. Gemeint ist jedenfalls, daß der Alte so früh wie möglich am Ende des Winters seine Arbeit aufnimmt, ungehalten darüber, daß die warmen Frühlingswinde und der Sommer so lange auf sich warten lassen (V. 138). Die Hyazinthe ist übrigens nicht die unter diesem Namen bei uns bekannte Blume, sondern entweder der Gartenrittersporn oder die violett-blaue Schwertlilie, deren Unterart, die Netziris, früh im Jahr blüht, was gut zum Kontext bei Vergil passen

würde. Denn sie ist wohl auch exemplarisch genannt für alle Blumen, die mit ihren frühen Blüten den Bienen eine erste Nahrungsquelle nach dem Winter bieten, und die Arbeit des Gärtners besteht wohl darin, unnütze oder zu zahlreiche Blätter abzuschneiden (comam tondebat V. 137), damit um so mehr Saft und Kraft in die Blüten steigt. Daß die „Hyazinthe" mit der Bienenzucht zusammenhängt, wird von Vergil im 4. Buch der Georgika, nicht weit entfernt von unserer Stelle, in V. 183 ausdrücklich erwähnt: (apes) pascuntur... hyacinthos: „Die Bienen suchen Hyazinthen nach Nahrung ab", neben Weiden und Linden u.a. Gewächsen.
Vollends wird der Zusammenhang der fleißigen Gartenarbeit des Alten mit der Bienenzucht, dem Thema des 4. Buches der Georgika, in den gleich anschließenden Versen (139 - 141) deutlich: Der Gärtner, der zugleich auch Imker ist, kann sich als erster über die Mutterbienen und die großen Bienenschwärme freuen, die ihm eine reiche Honigernte bescheren. Auch die gleich danach erwähnten Linden und üppigen Schneeballsträucher (V. 141) sollen wohl vor allem für die Bienen da sein.
Dann wendet sich der Dichter wieder den Obstbäumen zu, die im Herbst so viele Früchte tragen, wie sie im Frühling Blüten gehabt haben. Diese außerordentliche Fruchtbarkeit ist neben den natürlichen Voraussetzungen vor allem auf die sorgfältige Pflege (cura colendi) des Alten und wohl auch auf die Bienen zurückzuführen, welche die Blütenbestäubung im Frühjahr vornehmen.
In den nächsten Versen läßt sich die ordnende Hand des Gärtners erkennen: Er verpflanzt Sträucher und Bäume, die nicht mehr in der allerersten Wachstumsphase sind, in Reihen: Ulmen, Birnbäume, Schlehensträucher und Platanen. Im letzten Vers der Gartenbeschreibung wird ein idyllisches Bild angedeutet. Die Platanen sind schon so groß, daß sie Trinkenden (potantibus) Schatten spenden können. Vielleicht darf man das Bild weiter ausmalen: Nach der harten Arbeit gibt es gelegentlich auch einen fröhlichen Umtrunk, indem man sich zur Erholung und geselligen Unterhaltung im Schatten der Bäume zusammensetzt.
Damit endet die Beschreibung, und Vergil gibt nur noch den Hinweis, daß er die ausführliche Gestaltung des Themas „Garten" anderen, späteren Dichtern überläßt.
Der alte Mann aus Korykos hat in seinem Garten bei Tarent ein kleines Reich des Friedens mit der Natur nicht so sehr gefunden, sondern für sich aufgebaut. Trotz ungünstiger Voraussetzungen hat er durch fleißige und unermüdliche Arbeit ein Stückchen Land urbar gemacht, so daß er in seiner Genügsamkeit und Zufriedenheit ein unabhängiges und auskömmliches Leben führen kann. Er entspricht so im kleinen dem Arbeitsethos, wie es Vergil in den Georgika, am Beispiel des bäuerlichen Lebens entfaltet hat. Der Mensch, aus der sorglosen und beschwerdefreien

Existenz der Goldenen Zeit ausgeschlossen, muß alle Kräfte aufbieten, um in harter und mühseliger Arbeit und in bescheidener Demut die Saturnia tellus mit ihrer paradiesischen Fülle und Fruchtbarkeit ein bißchen wiederherzustellen.
Auch aus dem Garten Eden war der Mensch vertrieben worden, aber nicht wie bei Vergil aus der Sorge des höchsten Gottes, die Menschen könnten durch Nichtstun und bequemes Leben wie im Schlaraffenland abstumpfen und hochmütig werden, sondern zur Strafe für ihre selbstherrliche Ablehnung Gottes. Auch sie müssen von da an „im Schweiße ihres Angesichtes ihr Brot essen" (Gen. 3, 19).

Während die bisher betrachteten griechischen Gärten durchweg der Welt des Mythos angehören, geht Vergil bei der Gestaltung seines Gartens von historisch und geographisch bestimmten Voraussetzungen aus. Dagegen stammt die den ganzen Georgika zugrundeliegende „Philosophie der Arbeit", die auch für den Garten des Korykischen Greises gilt, ebenso aus mythisch-religiösen Vorstellungen.
Am ehesten vergleichbar mit dem vergilischen Garten ist der homerische des Laërtes. Beide Gärten sind angelegt und gepflegt von alten Männern, die aus ihrer Heimatstadt vertrieben sind; und beide bieten ihnen im Alter, wenn auch in mühevoller Arbeit, einen Ort des Friedens, vor allem mit der Natur und den Menschen, die zu ihnen gehören.

Das Vermächtnis des Vergil, die Poësie des Gartens betreffend, hat zunächst Columella übernommen, ein Schriftsteller im 1. Jh. n. Chr. etwa zur Zeit Senecas. Das 10. Buch seines Hauptwerkes über die Landwirtschaft (De re rustica) hat er dem Gartenbau gewidmet und Vergil zu Ehren in Hexametern geschrieben. In dem poëtischen Proömium des Buches (V. 1-5) nennt er sein großes Vorbild nicht nur beim Namen (V. 5), sondern zitiert auch wörtlich oder nur leicht für seine Aussage sprachlich variiert und angepaßt das Vermächtnis: spatiis exclusus iniquis (V. 2) ~ IV 147 und Vergilius nobis post se memoranda reliquit (V. 5) ~ IV 148.
Darüber hinaus bezieht er seine Nachfolge des Vergil nicht nur auf das Thema „Garten", sondern deutet auch an, daß er den Gegenstand im Sinne der gesamten Georgika behandeln will, indem er in seiner Einleitung durch wörtliche oder leicht abgewandelte Zitate auf die Leitgedanken der 4 Bücher der Georgika anspielt. Dazu eine kleine Übersicht:

Vergil, Georgika	**Columella, De re rustica X**

1. Buch: Ackerbau
    arvorum cultus (II 1)   hortorum cultus (V. 1)
    hortos cura colendi (IV 118)
    laetas segetes (I 1)   laetas segetes (V. 3)

2. Buch: Baum- und Weinkultur
    munera Bacchi (III 526 f)   munera Bacchi (V. 3)
    nunc te, Bacche, canam (II 2)

3. Buch: Viehzucht
    Te quoque, magna Pales…   cum caneret…
    canemus (III 1)   te, magna Pales (V. 4)

Pales war eine altrömische Göttin
der Weiden und der Hirten,
Wächterin der Herden,
des Groß- und Kleinviehs.

4. Buch: Bienenzucht
    mellis caelestia dona (IV 1)   caelestia mella (V.4)

So hat Columella in seinem Proömium an die Themen der Georgika erinnert, um seinen Lesern zu zeigen, daß seine Gartendarstellung im Sinne des ganzen vergilischen Werkes vom Landleben geschrieben ist.

2. Der Hortulus des Walahfrid Strabo

Eine weitere Gartendichtung in der Nachfolge des Vergil und des Columella haben wir im Hortulus des Walahfrid Strabo, des „Dichterfürsten der Insel Reichenau",[38] der zur Zeit der karolingischen Renaissance lebte (808-849). Er besuchte die Klosterschule auf der Reichenau und wurde schon im Alter von 15 Jahren als Mönch in den Orden aufgenommen. Nach einem kurzen Aufenthalt im Kloster zu Fulda, wo er sich als Schüler des Rhabanus Maurus weiterbildete, wurde er 829 Erzieher Karls, des jüngsten Sohnes Ludwigs des Frommen, am Kaiserhof in Aachen. 838 wurde er mit Unterstützung Ludwigs Abt des Klosters der Reichenau. Am 18. August 849 ertrank er in der Loire auf einer Reise nach Aquitanien im Frankenreich.

Hans-Dieter Stoffler hat eine grundlegende Monographie über den Hortulus des Walahfrid Strabo geschrieben.[39] Ihm verdanken wir nicht nur Text und Übersetzung des Hortulus, sondern auch zahlreiche gründliche Informationen über den Dichter und sein Werk, über die Gattung des Kräutergartens, über die Pflanzen des Hortulus und allgemein über die Gartenpoësie. Zur Würdigung des Dichters und Mönchs zitiert er Th. Fehrenbach, Pfarrer in Reichenau-Mittelzell von 1955-1982, mit den Worten. „… daß er (Strabo) ein Freund Gottes sowie der Menschen war und in verwirrter Zeit ein klarer, treuer, liebender Mitmensch geblieben ist" (S. 12). Und Stoffler selbst bekräftigt diese Charakteristik, indem er spricht von „Walahfrids Sensibilität für Freundschaft und Poësie, für Treue und Menschlichkeit" (S. 12).

Gleich in den ersten Versen seines Hortulus gibt Walahfrid zu erkennen, daß er mit seinem Werk in der Tradition der großen Vorbilder Vergil und Columella steht. Denn er spricht nicht einfach vom Gartenbau, sondern umschreibt ihn mit Ausdrücken, die an Formulierungen der beiden Römer erinnern (V. 2/3): Für Vergil waren die Rosengärten von Paestum (rosaria Paesti IV 119) ein Leitmotiv gewesen, welches Columella wörtlich (10, 37) aufgegriffen hatte. Walahfrid verwendete es in etwas veränderter Form mit dem Ausdruck „Paestana ars" (V. 2). Auch den Fruchtbarkeitsgott Priapus, den Hüter der Gärten, erwähnen alle drei. Vergil rät dem Imker, in seinem Blumengarten auch einen Priapus aufzustellen als Wächter gegen Diebe und Vögel (IV 110f). Auch Columella möchte, daß mitten in

---

[38] So P. Faessler in seinen Buch „Bodensee und Alpen", Jan Thorbecke Verlag Sigmaringen 1985, S. 14
[39] H. – D. Stoffler, Der Hortulus des Walahfrid Strabo. Jan Thorbecke Verlag Sigmaringen, 1996

seinem Garten ein roh behauenes Standbild des Priapus steht, zur Verehrung des Gottes und Abschreckung für Eindringlinge (10, 31-34). Und Walahfrid sieht es als eine herausragende Möglichkeit ruhigen und friedlichen Lebens an, der Arbeit nachzugehen, die unter der Obhut des Priapus steht, d.h. der Anlage und Pflege eines Gartens (V. 3).

Es mag etwas verwundern, daß der christliche Mönch den heidnischen Gartengott Priapus, der oft durch eine ithyphallische Holzplastik, mit großem erigierten Glied dargestellt wurde, beibehalten hat. Aber dieser war wohl noch lange in der Spätantike und im beginnenden Mittelalter in den Gärten präsent, zudem steht ja Walahfrid stark in der literarischen Tradition des Vergil und Columella, und er gibt dem Priapus die Kennzeichnung „obsceni" (V. 3), d.h. schamlos, unanständig". Vergil hatte ihm das Beiwort „Hellespontiaci" (IV 111) gegeben, welches nur ganz neutral die Herkunft des Gottes vom Hellespont, aus Lampsakos, angibt. Columella hatte immerhin von dem „schreckenerregenden Glied" (terribilis membri 10, 33) gesprochen. Erst der Christ Walahfrid nimmt Anstoß an der „obszönen" Darstellung des Gottes.

Wichtiger aber ist es, ein Augenmerk darauf zu richten, daß Walahfrid an das Arbeitsethos der beiden Römer, an die Philosophie der Gartenarbeit, anknüpft. Die cura colendi des Vergil (IV 118), der cultus und die cura des Columella (10,35f) liegen auch ihm am Herzen. „Getrieben von der Liebe zur Pflege des Gartens" (culturae impulsus amore 10,56) geht er seiner oft beschwerlichen, aber auch behutsamen Arbeit nach. Der labor improbus des Vergil ist auch ihm nicht fremd. So beschreibt er ausführlich (10,30ff), wie er im Vorfrühling das Wurzelgeflecht der Brennnesseln, das in den Beeten wuchert, entfernen muß oder wie er vorsichtig mit der hohlen Hand die keimenden Saaten begießt, damit sie nicht von einem großen Wasserschwall fortgeschwemmt werden. Die Beschaffenheit des Bodens ist nicht so wichtig, wenn nur nicht die cura des Gärtners nachläßt in lähmender Trägheit. Unablässige fleißige Arbeit (labor et studium 10,17) ist erforderlich, in welcher der Mensch sich nicht scheut, „die schwieligen Hände bräunen zu lassen in Wetter und Wind" (10,12f). Das alles erinnert stark an das Hohelied der Arbeit in den Georgika des Vergil.

Von großem Einfluß auf den Hortulus des Walahfrid war der Liber medicinalis des Quintus Serenus, ein medizinisches Lehrgedicht aus dem 4. Jh. n. Chr., welches vor allem auf Plinius fußte und in der Spätantike bis in die Zeit Karls des

Großen für die Ausbildung und Tätigkeit der Ärzte grundlegende Bedeutung hatte. „Walahfrid hat das Werk des Quintus Serenus sicher gekannt und benutzt."[40]
Des weiteren hat wohl auf den Hortulus eingewirkt der „Hortus conclusus" des spätantiken Dichters Luxorius, das „Gärtlein des Herrn Oageus, in dem alle Heilkräuter angebaut sind". Die antiken Götter Apollon und Asklepios finden in diesem „umschlossenen Garten" die Mittel, den Menschen Heilung (salus) zu bringen.

Aber alle Anregungen, die Walahfrid für seinen Hortulus in den antiken Vorbildern vorgefunden hat, wurden aufgegriffen und vertieft im Licht des christlichen Glaubens. Die Gartenarbeit ist dem Mönch und Dichter von der Reichenau eine Möglichkeit der Askese und kann mithelfen, Müßiggang zu vermeiden. Walahfrid befindet sich dabei im Einklang mit dem heiligen Benedikt, der in seiner Regula (Kap. 48,1) sagt: Otiositas inimica est animae, et ideo certis temporibus occupari debent fratres in labore manuum. „Müßiggang ist der Feind der Seele, und deshalb sollen sich die Brüder zu bestimmten Zeiten mit Handarbeit beschäftigen." Die körperliche Arbeit soll im Wechsel mit der geistigen Besinnung und Lektüre der hl. Schrift (lectio divina) geschehen, so daß es zu einem Ausgleich zwischen der vita activa und vita contemplativa kommt und die Benediktinische Lebensregel des ora et labora erfüllt wird.

Die Gedanken der Mühsal der Arbeit im Garten und ihrer disziplinierenden Kraft stehen wohl vor allem in der Tradition des Vergil, während der Aspekt der Heilkräfte der Natur, die der Garten bietet, sicherlich durch die spätantiken Medizinalgärten angeregt ist. Seine entscheidende Prägung aber bekam er durch das Leben aus dem christlichen Glauben, in welches auch die Gartenkultur einbezogen wurde. So weist der berühmte St. Galler Klosterplan, der auf der Reichenau entstanden ist, einen Kräutergarten (Herbularius) auf, und die Pflanzen und Kräuter des Hortulus dienen weitgehend dem Wohl und Heil des Menschen (siehe Abbildung 1). Nach der Regel des heiligen Benedikt war die Betreuung der Kranken eine herausragende Pflicht, für deren Erfüllung letztlich der Abt als Arzt der Körper und der Seelen verantwortlich war. „Infirmorum cura ante omnia et super omnia adhibenda est, ut sicut revera Christo ita eis serviatur." („Die Sorge für die Kranken steht vor und über allen anderen Pflichten, so daß man ihnen in der Tat wie Christus dient.") (Regula St. Benedicti 36,1)

---

[40] H. D. Stoffler, Hortulus S.17

Der Gedanke der Heilung steht im Hortulus des Walahfrid bei der Betrachtung aller 23 Pflanzen und Kräuter sowie in der Schlußstrophe im Mittelpunkt. Auch für ihn als Abt gehört die Betreuung der Kranken und Schwachen zu den vornehmlichsten Pflichten in der Nachfolge Christi. Dieser aber ist der eigentliche Arzt und Helfer der menschlichen Gebrechlichkeit, der Heiland, „die Heilpflanze in Person (Hort. 423, 424), der Arzt, der sich selbst hingibt als wahre Blume, als Lilie und Rose."[41]

So erfährt die Pflege des Gartens eine neue, tiefere Sinngebung, wie sie schon Cassiodor, der große Vermittler der römischen Kultur an die Klöster, am Ausgang der Antike den Mönchen empfohlen hatte. Er wendet sich an sie in seinem Werk „Institutiones" (Einführung in die geistlichen Wissenschaften): „Lernet deshalb die Wirkkräfte der Heilkräuter und die Mischung der Spezereien mit sorgfältiger Überlegung anzuwenden. Aber setzt die Hoffnung nicht in die Kräuter und die Rettung nicht in menschliche Ratschläge; denn obwohl es heißt, daß die Medizin von Gott begründet worden sei, wird doch jener heilen, der das Leben ohne Ende gewährt." (zitiert nach Stoffler S. 21)

Die antiken Heilgötter Apollon und Asklepios, die noch im Medizinalgarten des Luxorius die Anwendung der Heilkräuter überwachten, haben im Hortulus ihre Bedeutung an den christlichen Gott, an Jesus Christus, der die Kranken heilt, abgegeben. Wohl steht auch im Garten des Walahfrid noch ein Priapus, aber nicht mehr wie bei Columella als Fruchtbarkeitsspender und göttlicher Gartenhüter, sondern eher als Vogelscheuche oder Zeichen des Berufsstandes der Gärtner. Abbildung 2 zeigt eine Gedenktafel für Walahfrid Strabo und Abbildung 3 ein Detail aus dem Klostergärtlein.

---

[41] Stoffler, Hortulus S. 22

Abbildung 2: Gedenktafel für Walahfrid Strabo

Abbildung 3: Detail aus dem Klostergärtlein: Papaver somniferum

Es wäre noch viel zu sagen über den Garten des Walahfrid, vor allem über die Heilkräuter und Heilpflanzen im einzelnen, aber ich muß hier aufhören, und ich möchte mit dem Vergilzitat schließen:

> Verum haec ipse equidem spatiis seclusus iniquis
> praetereo atque aliis post me memoranda relinquo.

Ostern 2010

Philosophen-Gärten

1. Die Akademie Platons

Die Akademie Platons hat ihren Namen bekommen nach dem alten attischen Lokalheros Akademos, dessen ursprüngliche Namensform Hekademos lautete, was etymologisch bedeutet: fern vom Demos, außerhalb der eigentlichen Gemeinde. Er wurde verehrt in einem Hain, der vor dem Dipylon, dem Doppeltor, im Nordwesten der Stadt Athen lag. Sein Kult läßt sich noch bis ins 10. Jh. v. Chr. zurückverfolgen.[42]

Im Mythos, der in die mykenische Zeit zurückreicht, spielt der Heros Akademos eine für Attika nicht unwesentliche Rolle. Theseus hatte zusammen mit Peirithoos das junge Mädchen Helena aus Sparta entführt, nach Attika gebracht und in dem Ort Aphidnai versteckt. Als nun die Zwillingsbrüder der Helena, die Dioskuren Kastor und Polydeukes, nach Athen kamen, suchten sie sie lange vergeblich, bis endlich Akademos ihr Versteck verriet und so ihre Rückführung ermöglichte. Die Spartaner dankten es noch lange Zeit später den Athenern, indem sie bei ihren Einfällen in Attika stets die Akademie verschonten.[43]

Mag auch die Lokalisierung der Akademie 1½ km nordwestlich vom Dipylon gesichert sein, nicht zuletzt durch den Grenzstein ὅρος τῆς Ἑκαδημείας (5. Jh. v. Chr.), der 1966 an der Tripoleo-Straße gefunden wurde, so ist doch der Anblick des Geländes für den Altertumsfreund, der nach den Spuren der Schule Platons im modernen Athen sucht, eher enttäuschend. Lediglich die Fundamente eines Gymnasions mit Palaistra und Bad für die Athleten sind von den Archäologen freigelegt worden. Man darf den antiken Mitteilungen Glauben schenken, daß schon früh der Heilige Hain des Akademos mit einem Gymnasion verbunden war, in dem später Platon zu lehren begann. Diogenes Laërtios sagt in seiner Platonbiographie (III,7): ἐπανελθὼν δὲ εἰς Ἀθήνας διέτριβεν ἐν Ἀκαδημείᾳ. Τὸ δ' ἐστὶ γυμνάσιον προάστειον ἀλσῶδες ἀπό τινος ἥρωος ὀνομασθὲν Ἑκαδήμου. „Als er nach Athen zurückgekehrt war, verweilte er in der Akademie. Das ist ein Gymnasion, vor der Stadt gelegen, in einem Heiligen Hain, benannt nach einem gewissen Heros Hekademos." Und an der benachbarten Stelle (III 5): Ἐφιλοσόφει δὲ τὴν ἀρχὴν ἐν Ἀκαδημείᾳ, εἶτα ἐν τῷ κήπῳ τῷ παρὰ τὸν Κολωνόν. „Er lehrte als Philosoph anfangs in der Akademie, dann in dem Garten am Kolonos." Platon hat also

---

[42] K.-W. Welwei, Athen, WBG Darmstadt 1992, S. 128.
[43] Plutarch, Theseus 31f.

nach seiner anfänglichen Lehrtätigkeit in dem Gyµnasion ein Grundstück in der Nähe gekauft, auf dem er um 385 v. Chr. seine Schule gegründet hat. Diese ist dann als die platonische Akademie mit überragender Bedeutung in die Geistesgeschichte eingegangen und hatte fast 1000 Jahre Bestand, bis sie 529 n. Chr. von Justinian geschlossen wurde. Platon hat wahrscheinlich auch in seiner Akademie gewohnt und dort seine Schüler um sich versammelt, um mit ihnen in der Exedra, einem halbrunden, nach einer Seite offenen Unterrichtsraum Dialoge zu halten und sie in das Denken und Leben der Philosophie einzuführen.

Die Akademie war auch ein Museion, eine Stätte, an der die Musen und ihr göttlicher Anführer Apollon besonders verehrt wurden. Schon im Heiligen Hain des Akademos hat es neben den Altären anderer Gottheiten einen Altar der Musen gegeben, aber wohl erst durch Platon wurden sie zum sakralen Mittelpunkt für die Lebensgemeinschaft, welche das Schulhaupt und seine Schüler bildeten. In ihr galten strenge Regeln, und es wurden sogar manche Entbehrungen gefordert, die an das mönchische Leben in den Klöstern erinnern. Die Anregungen dazu hatte Platon von den Pythagoreern in Unteritalien, besonders von Archytas von Tarent bekommen. Überhaupt haben wohl diese Kontakte den Entschluß Platons zur Schulgründung entscheidend beeinflußt, „die ja nach der Heimkehr von seiner ersten Reise erfolgte."[44] Die strenge Disziplin im Dienste des Apollon und der Musen hatte zum Ziel, die Seele zu reinigen (κάθαρσις) und zu tieferen Erkenntnissen zu befähigen.

Eine weitere wichtige Komponente im Denken Platons geht mit Sicherheit auf den Einfluß des Archytas und der Pythagoreer zurück: die große propädeutische Bedeutung der Mathematik im Werdegang der Philosophen, die sich auf die Lenkung des Staates vorbereiten. Platon gebraucht nicht den Begriff Mathematik, sondern er unterteilt die in Frage kommende Wissenschaft in Arithmetik und Geometrie, während für ihn der Begriff μάθημα, von dem „Mathematik" abgeleitet ist, das umfassende, auch das philosophische Wissen bezeichnet. ἡ τοῦ ἀγαθοῦ ἰδέα μέγιστον μάθημα (Politeia 505a). „Die Erkenntnis der Idee des Guten ist das größte Wissen." Die vorbereitende Rolle der Mathematik im Lern- und Denkprozess der Platonschüler wird auch durch die antike Nachricht unterstrichen, über der Eingangspforte der Akademie habe der Spruch gestanden: μηδεὶς ἀγεωμέτρητος εἰσίτω. „Niemand soll eintreten ohne Kenntnis der Geometrie".

---

[44] A. Lesky, Geschichte der griechischen Literatur. Franche Verlag Bern 1957/58, S. 482

Die Örtlichkeit der Akademie muß ein schön gestaltetes Stück Natur gewesen sein. Schon der Heilige Hain des Hekademos (ἄλσος) war ausgestattet mit zahlreichen Altären. Nicht nur die Musen, „der göttliche Ursprung des Singens und Sagens" (W.F. Otto), wurden hier verehrt, sondern auch Eros, Zeus, Athene u.a. Gottheiten. Vielleicht darf man sich die Anlage vorstellen ähnlich wie die Gärten, die bei Homer, Sappho und Longos erwähnt sind, als Stätten göttlicher Epiphanie und menschlicher Begegnung mit den Gottheiten.

In der Nähe des Heiligen Hains hatte Platon das Grundstück für seine Philosophenschule gekauft, welches von Diogenes Laertius (III 5) ausdrücklich als Garten (κῆπος) bezeichnet wird. Es grenzte auf der gegenüberliegenden Seite an den Hügel Kolonos, der die Geburtsstätte des Sophokles war. Der große Tragödiendichter hat seiner Heimat im „Ödipus auf Kolonos" ein schönes dichterisches Denkmal gesetzt (V. 668ff), indem er den alten, leidgeprüften Ödipus in der herrlichen, von Göttern durchwalteten Natur seine letzte Zufluchtstätte finden läßt.

Aber nicht immer war die Örtlichkeit der Akademie von so ansprechender Schönheit. In der Zeit nach den großen Perserkriegen und wohl auch unter ihren Nachwirkungen war das Gelände verwahrlost. Erst der bedeutende athenische Politiker und Stratege Kimon, der Sohn des Miltiades, sorgte dafür, daß die Akademie wieder ein schöner Park wurde. Er hatte sich bemüht, den Machtbereich und Einfluß der Perser im Osten der Ägäis und in Kleinasien weiter zurückzudrängen, was ihm vor allem mit seinem Sieg über die Perser am Eurymedon (466 v. Chr.) gelang. Mit reicher Beute kehrte er nach Athen zurück und verwertete den gewonnenen Reichtum für den Ausbau und die Verschönerung der Stadt, insbesondere auch der Akademie. Plutarch schreibt dazu in seiner Biographie des Kimon (Kap. 13,7): „Er als erster verschönerte die Stadt mit den oft erwähnten edlen und eleganten Verweilstätten, welche wenig später über die Maßen in Mode kamen, indem er den Markt mit Platanen bepflanzte, die Akademie aber aus einem wasserlosen, dürren Gelände zu einem gutbewässerten Hain machte, der von ihm mit freien Plätzen und schattigen Spazierwegen ausgestattet wurde."

Diese schöne Gestaltung des Geländes der Akademie muß von nachhaltiger Wirkung gewesen sein. Denn noch etwa 40 Jahre später (423 v. Chr.) schreibt der große Komödiendichter Aristophanes einen regelrechten Hymnos auf die Schönheit der Akademie. In seiner Komödie „Die Wolken" läßt er die personifizierte „Gerechte Rede" gegen die „Ungerechte Rede" in einem Redewettkampf (Agon) auftreten, wer das bessere Erziehungsprogramm zu bieten hat. Dabei preist die „Gerechte Rede" dem Zögling die Akademie an (V. 1005 – 1008):

ἀλλ' εἰς Ἀκαδήμειαν κατιὼν ὑπὸ ταῖς μορίαις ἀποθρέξει

στεφανωσάμενος καλάμῳ λευκῷ μετὰ σώφρονος ἡλικιώτου
μίλακος ὄζων καὶ ἀπραγμοσύνης καὶ λεύκης φυλλοβολούσης
ἦρος ἐν ὥρᾳ χαίρων, ὁπόταν πλάτανος πτελέᾳ ψιθυρίζῃ.

„Aber wenn du in die Akademie kommst, wirst du unter den heiligen Ölbäumen den Wettlauf trainieren, mit hell schimmerndem Laub bekränzt, an der Seite eines vernünftigen gleichaltrigen Freundes, mit Eibenzweigen, in Muße und unter Pappeln, die (dem Sieger) Blätter zuwerfen, voller Freude zur Frühlingszeit, wenn die Platane flüsternd mit der Ulme spricht."

Besonders bemerkenswert an dieser Textstelle sind die Ölbäume im Garten der Akademie. Es sind keine gewöhnlichen, wie schon ihre Bezeichnung andeutet. Moriai (μορίαι) heißen sie, während das übliche Wort für den Ölbaum Elaia (ἐλαία) ist. Wenn schon dieser sich ganz allgemein bei den Griechen hoher Wertschätzung erfreute – bekam er doch schon von Homer (z.B. Od. 13, 372) als ein der Athene geweihter Baum das schmückende Beiwort „heilig" (ἱερή) - so waren die Ölbäume der Akademie noch einmal besonders hervorgehoben.

Die Heilighaltung des Ölbaumes als eines göttlichen Geschenkes seit uralten Zeiten spiegelt sich auch im Mythos wieder. Athene und Poseidon stritten um den Besitz von Attika. Nach dem Willen der übrigen Zwölfgötter sollte das Land dem gehören, der das wertvollere Geschenk brächte. Poseidon ließ mit seinem Dreizack auf der Akropolis eine Quelle mit Meerwasser entspringen, um auf die Gunst der Nähe des Meeres hinzuweisen, Athene aber schenkte den ersten Ölbaum. Ihr wurde der Sieg zugesprochen.

Von diesem ersten Ölbaum auf der Akropolis wurde ein Ableger in der Akademie gepflanzt, welcher der „Stammvater" der unantastbaren Olivenbäume wurde, die den Heiligen Hain der Akademie bildeten. Der Areopag überwachte streng die Erhaltung und Unantastbarkeit der Moriai und bestrafte hart das Umhauen oder Ausgraben der Bäume, ursprünglich mit dem Tode, später mit Verbannung.[45] Die Sieger beim großen Nationalfest der Athener, den Panathenäen, bekamen als Siegespreis Amphoren, die mit dem Öl von den Moriai gefüllt waren. Aus den Zweigen flocht man Ehrenkränze.

Ein besonders barbarischer Akt war das Fällen der Ölbäume im Krieg, mit dem Ziel, dem Gegner großen, lang anhaltenden Schaden zuzufügen. Um so be-

---

[45] Aristoteles, Staat der Athener Kap. 60

merkenswerter war es, daß die Spartaner im Peloponnesischen Krieg davon Abstand nahmen, die Bäume der Akademie zu fällen, in dankbarer Erinnerung an den Lokalheros Akademos, der ihnen in mythischer Zeit den Aufenthaltsort der Helena verraten hatte (vgl. S.76):

Sophokles, der ja aus Kolonos stammte unweit der Akademie, hat in seinem Alterswerk „Ödipus auf Kolonos" ein schönes Loblied gesungen auf die heiligen Ölbäume Attikas (694 ff). Auch er erwähnt ihre Unantastbarkeit, und wenn er sagt, daß die Feindeslanzen vor ihnen zurückschrecken, ist das wohl eine Anspielung auf die Schonung der heiligen Bäume der Akademie durch die Spartaner im Archidamischen Krieg. Sie stehen unter dem besonderen Schutz des Zeus Μόριος, des Zeus, der die Moriai bewacht, und der Athene, der Göttin mit den strahlenden Augen (705 f).

Natürlich standen im Garten der Akademie auch noch andere Bäume, vor allem Platanen, wie aus dem Loblied des Aristophanes hervorgeht (Wolken 1008). Die Platane ist in der griechischen Religion und Literatur besonders dem Göttervater Zeus zugeordnet. Unter einer Platane vereinigt er sich mit Europa bei Gortyn auf Kreta, und mit Hera bei Knossos. Wichtiger noch für unseren Zusammenhang sind die Stellen, an denen dieser Baum in Verbindung steht mit der Weisung, die vom höchsten Gott an die Menschen ergeht. Da ist am Anfang der Ilias des Homer (II 305 ff) eine bemerkenswerte Szene: Im Heer der Achaier vor Troja ist nach 9 Jahren große Kriegsmüdigkeit entstanden und eine starke Heimkehrbewegung. Odysseus aber tritt dieser Tendenz entgegen, wobei er an eine zeichenhafte Begebenheit (μέγα σῆμα) erinnert, die sich in Aulis vor der Abfahrt nach Troja abgespielt hat. Die Griechen waren unter einer schönen Platane (307) versammelt, um den Göttern Opfer darzubringen. Da erschien plötzlich eine große Schlange, von Zeus geschickt. Sie ringelte sich auf die Platane, in deren Krone ein Vogelnest war mit 8 Jungen. Das Ungetüm verschlang die ganze Brut mitsamt der Vogelmutter. Kalchas, der Seher, deutete dieses Zeichen dahingehend, daß die Achaier 9 Jahre um Troja kämpfen und es im 10. Jahr endlich erobern würden. Mit dieser Erinnerung appelliert Odysseus an den Durchhaltewillen der Achaier und fordert sie zum Bleiben auf.

Bei Herodot lesen wir eine Episode im Ionischen Aufstand (V 119): Die Karer im Südwesten Kleinasiens haben eine Schlacht gegen die Perser verloren, die Überlebenden nehmen Zuflucht in einem Zeusheiligtum, einem großen und heiligen Platanenhain (μέγα τε καὶ ἅγιον ἄλσος πλατανίστων), um dort über ihre Rettung (περὶ σωτηρίης) zu beraten.

In beiden Fällen besteht eine Beziehung zwischen Zeus und der Platane: Bei Homer gibt er durch das Geschehen in der Platane den Griechen ein wichtiges Vorzeichen, bei Herodot suchen die Karer Rat im Platanenhain, der Zeus geweiht ist.

Dazu passen auch ein paar Nachrichten über das alte Olympia. Nachdem etwa um 1000 v. Chr. der Zeuskult in Olympia eingeführt worden war, bestand die Altis, der Heilige Hain, vor allem aus Platanen (Pausanias V 27,11) und wilden Ölbäumen (Strabon VIII 3,30), und Zeus wurde dort in alter Zeit als Orakelgott verehrt. „Die Stätte erhielt am Anfang ihre Berühmtheit wegen des Orakels des Olympischen Zeus", sagt Strabon a.a.O.

Ölbäume und Platanen machten auch den Baumbestand im Garten der Akademie, wie Kimon ihn schön gestaltet hatte, in der Hauptsache aus. Es gab Pappeln und Ulmen, mit denen besonders die Nymphen verbunden waren. Ihnen und anderen Gottheiten, allen voran Zeus u. Athene, wurde höchste Verehrung zuteil, auch auf Altären, die im Heiligen Hain standen.

So mag Platon die Akademie vorgefunden haben, als er ca 40 Jahre nach dem Hymnos des Aristophanes auf ihre Schönheit seine Philosophenschule dort gründete.

Die Platane scheint es Platon besonders angetan zu haben. Seinen Dialog Phaidros läßt er an dem Bach Ilissos unter einer hohen Platane mit weitausladenden Ästen stattfinden, indem sich Sokrates und sein Freund Phaidros im Schatten des Baumes an einem wahrhaft „schönen Ort" (καλὴ καταγωγή, locus amaenus) zu einem Gespräch über den Eros und die Redekunst niederlassen (230 b ff). Die Platane mit ihren großen, breiten Blättern, von denen ja ihr Name abgeleitet ist (πλατύς = breit), lud besonders dazu ein, im Sommer in ihrem Schatten auszuruhen, sich zu unterhalten oder auch Schüler um sich zu versammeln, wie das Beispiel des Arztes Hippokrates unter der berühmten Platane von Kos zeigt.

So ist dieser Baum nicht nur mit dem Göttervater Zeus und göttlicher Weisung verbunden, sondern auch ein Ort philosophischen Gespräches und wissenschaftlicher Lehre. Er paßt also gut zu der Akademie, in der Platon „die meiste Zeit als Philosoph lebte und lehrte, und in der er auch seine letzte Ruhestätte fand" (Diogenes Laertios III 41).

Nach dem Tode Platons (347 v. Chr.) übernahm zunächst sein Neffe Speusippos die Leitung der Schule. Er und seine Nachfolger versuchten, das geistige Erbe Platons zu bewahren und weiterzuentwickeln. Aber es kann hier nicht darum gehen, eine Geistesgeschichte der Akademie zu schreiben – das wäre ein zu großes und überflüssiges Unternehmen, da es genug Darstellungen dieses Themas gibt. Sondern unser Ziel ist es, anhand antiker Nachrichten ein Bild zu bekommen von der Örtlichkeit des Gartens der Akademie.

Diese geriet in der Folgezeit zweimal in die Wirren der großen Politik und wurde schwer geschädigt. Zunächst machte Philipp V. zu Beginn des 2. makedonischen Krieges (200 v. Chr.) einen Sturmangriff auf Athen, wobei das athenische Heer zwischen dem Dipylon und dem Gymnasion der Akademie sich des Angriffs zu erwehren suchte. Dabei kam es zu schlimmen Verwüstungen des gesamten Geländes. Der römische Geschichtsschreiber Livius berichtet darüber (XXXI 24,18): „Alles, was an Heiligem oder Schönem rings um die Stadt lag, wurde in Brand gesteckt, und es wurden nicht nur Häuser zerstört, sondern auch Grabmäler, und nichts, was in den göttlichen oder menschlichen Rechtsbereich gehörte, wurde bei dem maßlosen Wüten unversehrt gelassen." Ist es unwahrscheinlich, daß auch das Grab Platons geschändet wurde?

Die zweite große Katastrophe brach über die Akademie herein, als der römische Feldherr Sulla im Krieg gegen Mithridates (86 v. Chr.) Athen belagerte und einnahm. Dabei ging er mit äußerster Rücksichtslosigkeit vor und zerstörte auch die Gebäude der Akademie bis auf die Grundmauern. Selbst die Bäume, einschließlich der heiligen Ölbäume, verschonte er nicht, wie es einst noch die Spartaner getan hatten. Er ließ sie fällen, weil er viel Holz für die Belagerungsmaschinen brauchte. Plutarch berichtet darüber in der Biographie des Sulla. (Kap. 12, 4): ἐπεχείρησε τοῖς ἄλσεσι, καὶ τήν τ' Ἀκαδήμειαν ἔκειρε, δενδροφορωτάτην τῶν προαστείων οὖσαν, καὶ τὸ Λύκειον. „Er legte Hand an die Heiligen Haine, und er ließ die Bäume der Akademie fällen, der baumreichsten Gegend vor der Stadt, ebenso die des Lykeion." Sogar die Bücher wurden in Mitleidenschaft gezogen, so daß die Akademie nicht mehr die Hüterin „der authentischen Platon-Überlieferung" sein konnte. „Darum ging die Erneuerung des Platonismus, die in den Neuplatonismus münden sollte, vorwiegend außerhalb der Akademie vor sich."[5]

Sieben Jahre später (79 v. Chr.) weilte wieder ein bedeutender Römer in Athen, aber diesmal kein brutaler Eroberer, sondern ein hervorragender Geistesmensch, M.T. Cicero. Er wollte dort seine philosophischen Studien vertiefen und danach auf Rhodos seine Redetechnik verbessern. Er besuchte die platonische Schule, die damals unter der Leitung des Antiochos von Askalon stand, aber nach der Zerstörung durch Sulla nicht mehr ihren Sitz in der Akademie hatte, sondern in einem

---

[5] Der kleine Pauly, dtv, Band 1, Sp. 212 f

Gymnasion nahe der Agora, welches von dem ägyptischen König Ptolemaios Philadelphos gestiftet und nach ihm benannt worden war (Pausamias I 17,2).

Cicero selbst erzählt in seinem Werk „De finibus bonorum et malorum" (V 1ff) von diesem Aufenthalt und gestaltet aus der Erinnerung daran die Szenerie zu den philosophischen Gesprächen des 5. Buches. Er beschließt mit seinen Freunden, einen nachmittäglichen Spaziergang (ambulationem postmeridianam) vom Dipylon-Tor zur Akademie (6 Stadien = ca 1 km) zu machen, weil diese Gegend gewöhnlich zu der Tageszeit menschenleer sei (ab omni turba vacuus). So könne der philosophische Freundeskreis die notwendige Ruhe für die Gespräche finden, die schon unterwegs beginnen. Einer von ihnen geht von der Überlegung aus, daß der Besuch der Orte, an denen berühmte Männer gelebt und gelehrt haben, eine stärkere Anregung ausüben kann, ihr Gedankengut kennenzulernen oder tiefer zu verstehen, als sie nur zu lesen oder von ihnen zu hören. So steht ihm hier Platon besonders nahe vor seinem geistigen Auge, der „als erster hier seine philosophischen Gespräche zu führen pflegte."Cuius etiam illi hortuli propinqui non memoriam solum mihi offerunt, sed ipsum videntur in conspectu meo ponere" (Cic. fin. V2). „Denn seine kleine Gartenanlage hier in der Nähe weckt nicht nur die Erinnerung in mir, sondern scheint ihn mir selbst vor Augen zu stellen."

Mochte auch die Akademie zu diesem Zeitpunkt zerstört und die Anlage menschenleer sein, so wurde sie später gewiß wieder aufgebaut und blieb für lange Zeit das Zentrum des Weiterlebens der platonischen Philosophie, wenn auch mit schwankenden Lehrinhalten. Freilich bekam sie in Alexandrien in Ägypten eine starke Konkurrentin, welches ja im Hellennismus seit den ersten Ptolemäern ohnehin der Mitelpunkt der Wissenschaften und des übrigen geistigen Lebens geworden war. Dort öffnete sich die platonische Philosophie auch der christlichen Offenbarungslehre, während die Akademie in Athen jeden Ausgleich mit dem Christentum ablehnte.

So konnte es schließlich dazu kommen, daß in der späteren Kaiserzeit Synesios, der christliche Bischof von Kyrene, den Kapitän verwünschte, der ihn einmal nach Athen gebracht hatte, das für ihn nichts Ehrwürdiges mehr hatte außer den berühmten Namen der Örtlichkeiten (Synesios epist. 135). Die Philosophie schien ihm von hier ausgewandert zu sein (ἐνθένδε φιλοσοφίας ἐξῳκισμένης), so daß er nur die Gebäude der Akademie, des Peripatos und der Stoa bewundern konnte. Er stellte fest: „Jetzt in unserer Zeit empfängt und nährt Ägypten die Saat der Hypatia. Athen aber war in alter Zeit Herdstätte der Weisen (ἑστία σοφῶν), jetzt zeichnen die Stadt nur die Bienenzüchter aus." (Hypatia war eine neuplatonische Philosophin und Lehrerin des Synesios.)

Am Ende kam es dann (529 n. Chr.) nach fast 1000-jährigem Bestehen zur Schließung der Akademie durch den Kaiser Justinian. Es ist ein Ereignis von mehr als sympolischem Wert, daß in dem gleichen Jahre Benedikt von Nursia, der Vater des abendländischen Mönchtums, das Stammkloster des Benediktinerordens auf dem Monte Cassino gründete, so als sollte die große metaphysische Tradition der Philosophie Platons weitergegeben werden an die christliche Offenbarungsbotschaft und mit ihr eine geistige Einheit bilden.

2. Das Lykeion des Aristoteles

Platon beginnt seinen Dialog „Lysis", indem er den Sokrates erzählen läßt:" Ich war unterwegs von der Akademie direkt zum Lykeion, auf dem Wege, der außerhalb der Stadtmauer unmittelbar an ihr entlang führt" (203a). Sokrates trifft auf eine Gruppe von Jünglingen, die vor einer Palaistra stehen, wohl in einer Pause ihrer sportlichen Übungen, und kommt mit ihnen ins Gespräch. Die Palaistra gehörte als ein wesentliches Bauelement zum Gymnasion, der Stätte der sportlichen Übungen und geistigen Schulung für die griechische Jugend.

Ein solches Gymnasion war auch das Lykeion im NO Athens, außerhalb der Stadtmauer, wie die Wanderung des Sokrates zu Beginn des „Lysis" zeigt. Es war ein großer Bezirk, in dem auch die athenische Reiterei üben konnte, dessen Mittelpunkt aber ein Heiligtum des Apollon Lykeios war. Nach einer Notiz des Pausanias (2. Jh. n. Chr.) „stand das Apollonheiligtum gleich von Anfang an und noch zu unserer Zeit in kultischen Ehren, und der Gott wurde hier zuerst Lykeios genannt" (I 19, 3). Ob die übliche Erklärung des Namens, der von dem griechischen Wort λύκος (Wolf) hergeleitet wird, zutrifft, oder ob nach dem Philologen Wilamowitz Lykeios die Herkunft des Apollon aus der Landschaft Lykien im südwestlichen Kleinasien bezeichnet, ist für unseren Zusammenhang nicht so wichtig. Entscheidend ist vielmehr, daß Apollon auch im Lykeion als Musagetes, als Anführer der Musen, verehrt wurde, so daß es schon vor Aristoteles eine Stätte der geistigen Arbeit und Lehre war. Z.B. haben auch Sophisten wie Protagoras im Lykeion gelehrt.

Ungefähr 60 Jahre[6] nach der (fiktiven oder tatsächlichen?) Wanderung, von der Sokrates einleitend im Dialog „Lysis" erzählt, kommt es im übertragenen, geistigen Sinn erneut zu einer Wanderung oder besser Umsiedlung von der Akademie zum Lykeion, einem bedeutenden Ereignis in der Philosophiegeschichte. Aristoteles war mit etwa 17 Jahren aus seiner Heimat Stageira nach Athen gekommen und in Platons Akademie eingetreten. Er verblieb dort bis zum Tode Platons 347 v. Chr. Als Speusippos dessen Nachfolger wurde, ging Aristoteles nach Assos unweit von Troja, für 3 Jahre, dann nach Lesbos zu seinem Freund und Schüler Theophrast, wo er 2 Jahre blieb. 343 wurde er nach Makedonien gerufen,

---

[6] Die Abfassung des Dialogs „Lysis" wird von der philologischen Forschung in das Jahrzehnt vom Tode des Sokrates (399) bis zur ersten Reise Platons nach Sizilien (389) gesetzt. Die Rückkehr des Aristoteles nach Athen fällt in das Jahr 335 v. Chr.

wo er die Erziehung des jungen Prinzen Alexander übernahm. Erst im Jahre 335 kehrte er nach Athen zurück, aber nicht in die Akademie, zu deren Leiter nach dem Tode des Speusippos 339 Xenokrates gewählt worden war. Vielmehr eröffnete Aristoteles eine eigene philosophische Schule im Gymnasion Lykeion, welche in der Folgezeit auch den Namen Peripatos bekam; „Der gedeckte Wandelgang dieser Anlage (περίπατος) hat der Schule der Peripatetiker ihren Namen gegeben."[7]

Damit war der Umzug von der Akademie zum Lykeion (Peripatos) vollzogen, nicht nur im räumlichen, sondern auch im geistigen, philosophischen Sinn. Aristoteles leitete die Schule 13 Jahre lang, bis zu seinem Tode 322 v. Chr.

Die Gründe für die Trennung des Aristoteles von der Akademie sind nicht eindeutig geklärt, sie können sowohl im persönlichen als auch im philosophischen Bereich gelegen haben. Enttäuschung darüber, daß er nach dem Tode Platons nicht als Nachfolger bestimmt wurde, Widerspruch gegen die Tendenz des alten Platon und seines Nachfolgers Speusipp, der Mathematik eine große Bedeutung für die Philosophie beizumessen (Aristoteles neigte mehr zu den Naturwissenschaften), Kritik an der Ideenlehre Platons und an seinem „Idealstaat" - all das kann zu dem Auszug des Aristoteles aus der Akademie und zur Gründung einer eigenen Schule ursächlich beigetragen haben.

Nach einer Notiz des Diogenes Laertios (5, 2), fand der Auszug des Aristoteles aus der Akademie schon zu Lebzeiten des Platon statt, der daraufhin die Bemerkung getan haben soll: „Aristoteles hat uns mit Füßen getreten, wie kleine Fohlen, die nach der Geburt gegen die Mutter ausschlagen."

Das Motiv vom Fohlen, das gegen die eigene Mutter ausschlägt, scheint in der Antike verbreitet gewesen zu sein. Schon vor Diogenes hatte es Claudius Aelianus in seiner Ποικίλη ἱστορία (Bunte Geschichten 4,9) aufgegriffen und zum Ausdruck der Undankbarkeit (ἀχαριστία) des Aristoteles gegenüber Platon benutzt.

Diogenes nennt als Grund für die Trennung ganz konkret (5,2). daß Aristoteles nach seiner Rückkehr aus Makedonien feststellen mußte, daß Xenokrates der neue Schulleiter geworden war. Er habe deswegen „den Peripatos im Lykeion gewählt" (ἑλέσθαι περίπατον τὸν ἐν Λυκείῳ). Gleichzeitig gibt der Biograph seine Deutung des Namens Peripatos: Aristoteles habe mit seinen Schülern philosophi-

---
[7] A. Lesky, Geschichte der griechischen Literatur, Bern 1957/58, S. 512

sche Gespräche geführt, indem er mit ihnen bis zum Salben, d.h. bis zum Beginn der sportlichen Übungen, auf und ab ging. Daher komme der Name „Peripatetiker" (περιπατητικός).

Das Wort περίπατος (Peripatos) hat also eine doppelte Bedeutung: a) Spaziergang, Spazierengehen, Herumgehen; b) Ort des Spazierengehens, Wandelhalle, Säulenhalle. Für beide gibt es eine Fülle von Belegen, ich greife die signifikantesten heraus.

Zu a): Zur Eröffnung des Dialoges „Phaidros" von Platon fragt Sokrates seinen Freund nach dem Wohin und Woher (227a). Phaidros antwortet, daß er auf dem Wege ist zu einem Spaziergang außerhalb der Stadtmauer (πρὸς περίπατον ἔξω τείχους), um sich von dem langen Stillsitzen in der Rhetorenschule des Lysias zu erholen. Er macht seine Spaziergänge lieber auf den normalen Wegen (κατὰ τὰς ὁδοὺς ποιοῦμαι τοὺς περιπάτους), weil diese für ihn weniger ermüdend sind als die in den Rennbahnen des Gymnasions.

Xenophon berichtet in der Anabasis (II 4, 14 f), wie er auf dem Rückzug der 10 000 bei Sittake unweit vom Tigris „in der Nähe eines großen, schönen und dichten Parks" nach dem Abendessen zusammen mit Proxenos einen Spaziergang macht (ἔτυχον ἐν περιπάτῳ ὄντες).

Ein weiteres Beispiel lesen wir bei dem Geschichtsschreiber Polybios (Historien V 56) (2. Jh. v.Chr.): Der jugendliche König Antiochos III. läßt sich von seinem Leibarzt überzeugen, daß es angebracht sei, scheinbar wegen irgendwelcher Ohnmachtsanfälle, in Wirklichkeit aber zum Zwecke einer Intrige gegen den „Kanzler" Hermeias „bei Tagesanbruch, noch vor der Tageshitze seine Spaziergänge zu machen" (ἅμα τῷ φωτὶ ποιεῖσθαι τοὺς περιπάτους ὑπὸ τὸ ψῦχος).

Zu b): Als Ort des Einherwandelns begegnet uns der Peripatos z. B. wieder bei Xenophon in den Memorabilien, den Erinnerungen an Sokrates (I 1, 10). Außerdem zeigt diese Stelle, daß schon vor Aristoteles im Peripatos philosophische Gespräche stattfanden, nämlich unter der Führung seines philosophischen „Großvaters" Sokrates. „In der Frühe nämlich ging er in die Wandelhallen und Gymnasien" (πρῷ τε γὰρ εἰς τοὺς περιπάτους καὶ τὰ γυμνάσια ᾔει), um dort möglichst viele Menschen anzutreffen und mit ihnen über Lebensfragen zu sprechen. Durch Aristoteles wurden dann die Gespräche im Peripatos schulmäßig systematisiert.

Den Gebrauch des Wortes Peripatos in diesem Sinne zeigt auch eine Stelle bei Lukian in seiner Biographie des Demonax (54), eines kynischen Philosophen des 2. Jh.s n. Chr., der die Gelehrsamkeit des Peripatos nicht mochte und Rufinus, einen Vertreter dieser Schule, mit einem bissigen Ausspruch verspottete: „Als er den Rufinus von Zypern sah, den Lahmen aus dem Peripatos, wie er viel Zeit in den Wandelhallen verbrachte (τοῖς περιπάτοις ἐνδιατρίβοντα) sagte er: `Nichts ist abscheulicher als ein lahmer Peripatetiker`."

Die ursprüngliche Bezeichnung aber für die Schule des Aristoteles ist das Lykeion. Doch auch von ihm läßt sich kaum eine konkrete Vorstellung gewinnen, da wir weit weniger Angaben vorfinden als zur Akademie Platons. Dennoch sind wir wohl berechtigt, das Lykeion in Verbindung zu bringen mit einem Garten oder vielleicht besser mit einem Park. Jedenfalls nennt Strabon, der Geograph zur Zeit des Augustus, in seinem Werk „Geographika" (IX 1,17) das Lykeion und die Akademie im Zusammenhang mit den „Gärten der Philosophen" (οἱ κῆποι τῶν φιλοσόφων), was ja die Überschrift für unsere kleine Betrachtung ergeben hat. Ferner erwähnt er in der Beschreibung Attikas (IX 1, 24), daß der Ilissos im Gebiet des Lykeion aus der Quelle entspringt, „die Platon im Phaidros besungen hat." Gemeint ist der „schöne Ort" mit der frischen Quelle und der schattigen Platane, an dem sich Sokrates mit seinem Freund Phaidros zu einem philosophischen Gespräch niedergelassen hat (Phaidros 230 b ff; vgl. o. S.81!). So mag auch das Lykeion nicht ganz ohne idyllische Garten- oder Park-Atmosphäre gewesen sein.

Prosaischen Zwecken dagegen dient das Lykeion bei Ereignissen, von denen Xenophon in den Hellenika berichtet. Da es ein ziemlich weitläufiges Gelände war, konnte es gelegentlich militärisch genutzt werden. Als der spartanische König Agis 410 v. Chr. einen Vorstoß gegen Athen unternahm, trat ihm der athenische Befehlshaber Thrasyllos entgegen, indem er beim Lykeion ein Heer zum Kampf aufstellte, worauf Agis es vorzog, sich zurückzuziehen (Xen. Hell. I 1, 33 f).

In den Wirren um die Gewaltherrscher der „Dreißig" in Athen kommt es zu einer für das Lykeion bemerkenswerten Begebenheit (403 v. Chr.): Ein Angriff auf die Stadtmauer soll dergestalt vonstatten gehen, daß die Belagerungsmaschinen auf der Rennbahn vom Lykeion her (κατὰ τὸν ἐκ Λυκείου δρόμον) an die Stadtmauer herangebracht werden. Das versucht ein findiger Maschinenbauer zu verhindern, indem er riesige Steine mit Wagen herbeischaffen und den Angreifern auf der Rennbahn in den Weg werfen läßt (Xen. Hell. II 4, 27).

Auch bei den beiden Zerstörungen, welche die Akademie betrafen (vgl. S. 81 f), wurde das Lykeion nicht verschont: bei den Aktionen Philipps V. (200 v. Chr.) und Sullas (86 v. Chr.) .
Die Autoren Livius (XXXI 24, 18) und Plutarch (Sulla 12, 4) erwähnen beide ausdrücklich das Lykeion und den Baumbestand des Geländes.

Leider fehlt es, noch mehr als bei der Akademie, an konkreten Angaben, die ein anschauliches Bild vom Lykeion (Peripatos) als Garten oder Park ergeben würden. So müssen wir uns mit den Notizen begnügen, welche irgendwie die Schule des Aristoteles betreffen. Entscheidend ist ja ohnehin ihre herausragende Bedeutung für die abendländische Geistesgeschichte. Aber davon zu reden ist hier nicht der Ort.

3. Der Garten des Epikur

Am wenigsten läßt sich sagen über die äußere Gestalt des Gartens des Epikur – ein paradoxer Sachverhalt in Anbetracht der Tatsache, daß der Garten (κῆπος) für die Schule des Epikur von größter Bedeutung war und ihr sogar den Namen gab. Im ganzen Altertum konnte man die epikureische Philosophie einfach als Garten (κῆπος bzw. hortus) bezeichnen. „Die von den Gärten" (οἱ ἀπὸ τῶν κήπων) wurden die Schüler Epikurs genannt (z.B. Sextus Empiricus, adv. phys. I 64), und ein schönes Zeugnis dafür gibt uns noch Cicero in einem Brief an seinen Freund Varro (ad. Fam.IX 6): Cicero möchte mit Varro zu einem philosophischen Gespräch zusammenkommen. Falls es seinem Freund nicht möglich ist, zu ihm zu kommen, ist er seinerseits zu einem Besuch bereit, vorausgesetzt, daß „du den Garten in deiner Bibliothek hast, dann wird nichts fehlen (si hortum in bybliotheca habes, deerit nihil). D.h. Cicero wird zu der philosophischen Frage die Akademie vertreten, Varro die Stoa; da ein Epikureer nicht da sein wird, soll die dritte philosophische Schule, der Garten des Epikur, wenigstens durch die Literatur präsent sein.

Im Jahre 306 v. Chr. hat Epikur das Haus mit dem später so berühmten Garten im NW Athens, nicht weit vor dem Dipylon und in der Nähe der Akademie, gekauft. Die Angabe des Apollodor bei Diogenes Laertios (X 10), der Kaufpreis habe 80 Minen, d. h. nur etwas mehr als 1 Talent, betragen, muß nicht viel bedeuten. Wichtiger ist das Geistesleben, mit dem Epikur den „Garten" durch seine überragende und liebenswürdige Persönlichkeit erfüllte.

Von dieser gibt uns Diogenes Laertios in seiner Philosophenbiographie (X 9 – 11) eine eingehende Beschreibung mit manchen Einzelzügen.

Epikur war im Umgang mit allen Menschen, die ihm begegneten, von „unübertrefflicher Güte und Nachsicht" (ἀνυπερβλήτου πρὸς πάντας εὐγνωμοσύνης X9), so daß er eine große Zahl von Freunden anzog. Diese kamen von überallher zu ihm und „lebten mit ihm in dem Garten zusammen" (συνεβίουν αὐτῷ ἐν τῷ κήπῳ X10). Auch in diesem Garten bildete der Lehrer der Philosophie eine Lebensgemeinschaft mit seinen Freunden und Schülern, wie wir es schon bei Platon gesehen haben (S.77 f), der seinerseits wohl von den Pythagoreern dazu angeregt worden ist; συνουσία τε καὶ διάλογοι, Zusammensein im philosophischen Gespräch, nennt er im „Protagoras" (338c) diese Form der Schulgemeinschaft.

Zur Menschenfreundlichkeit des Epikur (φιλανθρωπία X10) gehört vor allem auch seine Sanftmut gegenüber den Sklaven (πρὸς τοὺς οἰκέτας ἡμερότης, die zu seinem philosophischen Freundeskreis gehören (συνεφιλοσόφουν αὐτῷ X10). Auch Aristoteles hatte es als eine hervorragende Möglichkeit der Freundschaft angesehen (Eth. Nikom. IX 12), im gemeinsamen Philosophieren zusammenzuleben (συμφιλοσοφεῖν - συζῆν). Das Besondere an Epikur ist aber, daß er auch die Sklaven in die philosophische Lebengemeinschaft des Gartens mit einbezog. Namentlich zählte Mys zu seinem Schülerkreis, der berühmteste von ihnen (ἐνδοξότατος). Ihm und anderen hat er auch in seinem Testament die Freiheit geschenkt (X 21). Dem Denker G. Schmidt ist das Verhältnis des Epikur zu Mys „ein beachtenswertes Zeugnis hellenistischen Humanitätsdenkens, das Klassenschranken nicht brach, aber bemüht war, sie milder erscheinen zu lassen."[8]

Daß Epikur auch besonders familienfreundlich war, versteht sich eigentlich nach dem bisher Gesagten von selbst, wird aber von Diogenes ausdrücklich erwähnt (X 10). So spricht er von seiner Dankbarkeit gegenüber den Eltern (ἡ πρὸς τοὺς γονέας εὐχαριστία) und von seiner Wohltätigkeit gegenüber den Brüdern (ἡ πρὸς τοὺς ἀδελφοὺς εὐποιία). Und in seinem Testament (X 18) verfügt er, daß man für sie aus den Erträgen der Erbmasse die Totenopfer bezahlt. Frau und Kinder scheint Epikur nicht gehabt zu haben.

Des weiteren spricht Diogenes von seiner außerordentlichen Frömmigkeit (X 10), was paradox erscheint angesichts seiner radikal materialistischen, atomistischen Seinslehre, die für die Götter keinen Platz läßt; oder man verbannt sie in die Intermundien, wo sie ohne Beziehung zu den Menschen existieren. Jedenfalls läßt sich die philpsophisch-religiöse Inkonsequenz nicht übersehen.

Auch seine Vaterlandsliebe, welche Diogenes rühmt (X 10), scheint im Widerspruch zu stehen zu der bekannten These λάθε βιώσας (lebe im Verborgenen), mit der Epikur seine Nichtteilnahme am politischen Geschehen vertrat. Diogenes sieht sie begründet in dem hohen Maß an Rücksichtnahme und Anständigkeit. Ihm war also wohl bewußt, daß ein gerader und reiner Charakter sich in der Politik schwerlich aufrechterhalten läßt und sich zwangsläufig zum Unrecht an den Mitbürgern genötigt sieht. Als einen Beweis für die Heimatliebe des Epikur bewertet er die Tatsache, daß dieser – von zwei oder drei Besuchen bei seinen Freunden in Jonien abgesehen – sein Leben in Athen verbrachte, obwohl dort schlimme politische Verhältnisse herrschten. Aber zum „Rückzug in den Garten" geben diese

---

[8] In „Der kleine Pauly". dtv Bd. 3, Sp.1528

Grund genug, wofür sogar Cicero Verständnis aufbringt, wenn er vom epikureischen Philosophen sagt (De oratore III 63): in hortulis quiescet suis...fortasse sapienter, hac praesertim re publica (Er mag in seinem Garten die Ruhe genießen ... vielleicht vernünftigerweise, zumal bei den augenblicklichen politischen Verhältnissen).

Die persönliche Lebensweise des Epikur soll von außerordentlicher Bescheidenheit und Schlichtheit gewesen sein (X 11). So gab er sich zufrieden mit einfachem Brot und Wasser; und ein bezeichnender Ausspruch von ihm lautet: „Schick mir ein Schälchen Käse, damit ich, wenn ich will, viel Aufwand treiben kann."

Nach allem muß von Epikur eine faszinierende Ausstrahlung auf seine Bekannten und Freunde ausgegangen sein. Seine Wirkung muß noch erhöht worden sein durch die anmutige rhetorische Form, in der er seine Lehren vorgetragen hat und die Diogenes mit dem Wort σειρῆσι (X9), d. h. Zauberklänge wie von den Sirenen, bezeichnet.

Es ist ein großes Paradoxon, daß die Philosophie dieses sympathischen Menschen und Lehrers inhaltlich weit hinter seinem charakterlichen Niveau zurückbleibt. Sowohl seine Ontologie als auch seine Ethik fallen eher kläglich aus. Um so erstaunlicher ist, daß sie in der Geistesgeschichte, besonders aber in der politischen Geschichte eine große und leider auch verheerende Wirkung erzielt haben und auch heute noch nachhallen. Es scheint eben so zu sein, daß das Minderwertige eher Anklang findet bei irgendwelchen Epigonen und der breiten Masse als das Gehaltvolle, welches der Wahrheit näher kommt.

Es ist hier nicht der Ort, die Philosophie des Epikur detailliert darzustellen; das ist oft genug geschehen. Nur so viel sei in aller Kürze gesagt: Seine Ontologie basiert auf dem Atomismus des Demokrit und erschöpft sich in purem Materialismus. Das gesamte Sein wird erklärt durch die Atome, die sich im leeren Raum bewegen, ursprünglich auf parallelen Bahnen. Aber irgendwie, ohne erklärte Ursache, stoßen Atome zusammen (παρέγκλισις, declinatio), was zu einer großen Konglomeration führt. Daraus soll dann alles in der Natur entstanden sein, die ganze Welt mit ihren unbelebten Dingen und den Lebewesen bis hin zum Menschen.

Die Unhaltbarkeit dieser ontologischen Thesen liegt auf der Hand:
1. Woher stammen überhaupt die Atome? Als materielle Gegebenheiten können sie sich nicht selber ins Dasein gerufen haben. Die Frage nach dem Ursprung (nach der ἀρχή) bleibt unbeantwortet. 2. Woher kommt die Bewegung? (ὅθεν ἡ

ἀρχὴ τῆς κινήσεως nach Aristoteles). Auch diese Frage bleibt unbeantwortet. 3. Geradezu grotesk ist die Erklärung der vielfältigen Formen und Gestalten der Natur aus dem zufälligen Zusammenprall der Atome. Nie und nimmer können auf diese Weise die großartigen Gestalten und Gesetzmäßigkeiten des Makrokosmos und des Mikrokosmos entstanden sein. Eine solche These gehört eher in die Komödie; für einen Aristophanes wäre das wohl ein dankbarer Gegenstand gewesen.

Ebenso haltlos ist die Ethik des Epikur. Auch sie geht auf Demokrit zurück, mehr noch auf Aristippos von Kyrene. Das alles beherrschende Prinzip des menschlichen Handelns ist die Lust (ἡδονή). Mag man auch dem Epikur den Versuch einer Sublimierung der Lust zugestehen, indem man ἡδονή mit Freude übersetzt und ihr irgendeinen geistigen Wert zuschreibt - es bleibt eine „Ethik" ohne jeden sozialen Bezug und ohne jede metaphysische Fundierung. Es kommt nur auf das individuelle, egoistische Wohlbefinden an, in subjektiver Beliebigkeit und ohne objektive Norm.

Von den Nachwirkungen der atomistischen, materialistischen und atheistischen Ontologie sei hier nur die unheilvollste erwähnt. Karl Marx hat sich schon in seiner Dissertation mit Demokrit und Epikur befaßt, um mit ihrer gedanklichen Hilfe den unseligen dialektischen Materialismus zu entwickeln, der dann die pseudo-philosophische Grundlage des Marxismus-Leninismus wurde. Darauf basierte das totalitäre System der Sowjetunion mit seinem Kommunismus und Sozialismus. Nach neuesten Forschungen hat das „sozialistische Experiment" der Sowjetunion 80 Millionen Opfer gefordert.[9]

Auch die Lustlehre des Epikur hat ihre gelehrigen Schüler in der neueren Zeit gehabt, vor allem im englischen Empirismus und in der Aufklärung. „Wir heißen darum gut, was geeignet ist, uns Lust zu bringen oder sie zu steigern bzw. Unlust zu vermindern", so lautet die Devise des Locke.[10] Und für Bentham u.a. lautet der Grundsatz „die größtmögliche Lust für die größtmögliche Zahl."[10]
Diese Beispiele mögen genügen, aber es bleibt abschließend noch darauf hinzuweisen, daß weite Bereiche des heutigen „modernen" Lebens – ob bewußt in der Nachfolge des Epikur oder eher unbewußt, unreflektiert, das sei dahingestellt – von zwei Faktoren bestimmt sind: dem

---

[9] Lexikon der russischen Kultur. WBG, Darmstadt 2002, S 458

[10] J. Hirschberger, Geschichte der Philosophie. Herder, Freiburg, 2. Aufl. 1955, Bd II S. 196 und 222

Materialismus und Hedonismus.
An „Schweinchen aus der Herde des Epikur" (nach Horaz, Epist. I 4, 16) fehlt es jedenfalls nicht.

Es wäre nun eigentlich angebracht, der dürftigen Weltsicht des Epikur; ausgehend von Platon und Aristoteles, eine fundiertere, das ganze, auch das geistige Sein umfassende Ontologie und Metaphysik gegenüberzustellen, aber das würde den Rahmen dieser kleinen Arbeit vollends sprengen; und es ist auch anderweitig geschehen.   Also:

finis operis

15.1.2012